한경 MOOK

엄마 아빠 함께하는
슬기로운 주식생활

프롤로그

엄마 아빠가 어렸을 때
투자 교육을 받았더라면…

투자 열풍의 시대입니다. 역설적이게도 경제위기를 몰고 온 코로나19가 주식 투자에 촉매제가 됐습니다. 2020년 초 2200선을 넘나들던 코스피지수는 3월 코로나19 사태가 확산하자 순식간에 1440선 아래로 곤두박질쳤습니다.

우량 주식을 싸게 살 기회가 왔다고 판단한 개인투자자들이 대거 주식시장으로 몰려들었습니다. 과거와는 다른 양상이었습니다. '동학개미'의 출현입니다. 개인투자자들은 미국을 비롯한 해외 증시로도 과감하게 진출했습니다. 이번엔 '서학개미'라는 별명이 붙었습니다. 미국 주식으로 돈을 벌어 몇백만~몇천만원의 양도소득세를 냈다는 주변의 사례도 흔해졌습니다.

최근엔 '파이어(FIRE)족'이라는 신조어까지 등장했습니다. 경제적 자립, 조기 퇴직(Financial Independence, Retire Early)의 첫 글자를 딴 단어입니다. 과감한 투자로 빨리 경제적 자립을 달성해 30대 혹은 40대에 은퇴하겠다는 목표를 가진 사람들을 일컫는 말입니다.

이처럼 주식 투자에 대한 관심이 그 어느 때보다 높아졌지만 금융 선진국과 비교하면 아직 갈 길이 멉니다. 한국은행에 따르면 2020년 말 국내 가계 금융자산에서 주식이 차지하는 비중은 19.3%였습니다. 역대 최고치입니다. 하지만 미국(36.2%)은 물론이고 경제협력개발기구(OECD) 회원국 평균(24.3%)에도 크게 못 미칩니다.

희망도 보입니다. 주식 투자에 입문한 젊은 부모들이 자신만 투자하는 것이 아니라 자녀의 빠른 경제적 자립을 위해 증권 계좌를 개설해주고 아이 이름으로 주식을 사주는 사례가 늘고 있습니다.
'많은 돈을 벌었다'는 얘기가 쏟아지자 어떤 이는 뒤늦게 '묻지마 투자'에 뛰어들기도 합니다. 투자는 사라지고 투기만 남았다는 비판의 목소리도 있습니다.

저금리 시대에 주식과 다른 대체자산에 대한 투자 교육이 절실한 것은 이런 이유에서입니다. 어릴 때부터 기업을 공부하고, 주식의 가치를 평가해서 투자를 결정하는 경험과 습관을 쌓아야 합니다. 한국경제신문사가 아이들에게 건전한 투자 수업의 기회를 마련해주기 위해 〈엄마 아빠 함께하는 슬기로운 주식생활〉을 펴내기로 한 배경입니다. 초등학생도 이해할 수 있도록 쉽게 내용을 일곱 단계로 나눠 구성했습니다.

1단계는 투자 교육을 일찍 시작해야 하는 이유, 엄마와 함께 회사를 세운 초등학생 송지우 양의 사례, 주식 투자 전도사로 잘 알려진 존 리 메리츠자산운용 대표의 조언을 담았습니다.
장기 투자의 힘도 구체적으로 확인할 수 있습니다. 10년 뒤 대학 학자금 5000만 원을 모으려면 매월 얼마씩 투자해야 하는지와 투자를 시작한 나이에 따라 미래 자산이 어떻게 달라지는지 사례를 통해 살펴봅니다.

2~3단계는 본격적인 주식 공부입니다. 주식시장의 기본 원리부터 반드시 알아야 할 용어, 투자 기업 고르는 방법과 해외 주식시장, 주식을 비롯한 금융시장에 영향을 미치는 요인 등을 다룹니다.

4단계는 펀드를 비롯한 간접투자 상품과 분산투자 요령을 소개합니다. 주식 계좌를 개설하는 방법과 세금 등 실전 정보는 5단계에, 은행권 상품은 6단계에 담았습니다. 7단계는 신용과 용돈 관리 요령을 소개합니다.

아이들이 엄마 아빠와 기업에 대한 이야기를 나누고 실생활에서 자주 접하는 경제 현상을 공부하는 습관을 들이도록 하는 것은 최고의 '살아있는 교육'입니다. 〈엄마 아빠 함께하는 슬기로운 주식생활〉을 통해 아이들이 '경제·금융 문맹'에서 탈출해 건전한 투자습관을 키우길 희망합니다.

박성완 한경 경제교육연구소장

차례

1단계

투자 첫발 떼기

- 010 왜 자녀 투자교육이 필수일까요?
- 014 주주가 된 아홉살 지우
- 019 투자 고수를 만나봤어요
- 026 10년 뒤 5000만원 만들기
- 032 투자기간은 길수록 유리해요

2단계

주식이 뭐예요?

- 040 주식 투자를 알아 볼까요
- 046 주식 시장 들여다보기
- 055 주식 용어 이 정도는 알아야죠

3단계

나도 기업 분석가

- 076 투자 기업을 골라보자
- 081 주가의 나침반, 기업 실적
- 092 해외 주식으로도 눈을 돌려 보자
- 100 이런 지표를 눈여겨 보세요
- 108 투자 정보를 찾아봐요

4단계

다양한 투자법이 있어요

- 116 계란을 한 바구니에 담으면?
- 119 간접투자의 기본, 펀드를 배워 보자
- 128 주식처럼 사고 파는 펀드, ETF
- 134 채권 투자도 알아봐요

5단계

계좌 만들기와 세금

- 140 주식계좌는 어떻게 만들지?
- 143 꼭 알아야 할 세금, 증여세

6단계

원금을 지키고 싶다면

- 148 안전한 투자 방법, 저축
- 152 예금과 적금 차이 알아보기
- 155 든든한 버팀목, 예금자 보호

7단계

신용은 왜 중요할까요?

- 160 시험 점수보다 더 중요한 신용 점수
- 165 스마트폰 앱으로 용돈을 관리하자

읽을 거리
- 168 주식회사는 어떻게 생겨났을까?
- 173 돈은 어떻게 진화했을까?

슬기로운 주식생활 1단계

투자 첫발 떼기

흥미진진한 투자의 세상으로 들어갈 준비가 됐나요? 이 여행은 부모님과 함께하는 게 더 좋답니다. 본격적인 투자 공부에 앞서 엄마 아빠가 알아두면 유용한 내용으로 여정을 시작할 게요. 경제 교육을 생활에서 실천하고 있는 가정의 사례와 왜 일찍 투자를 시작해야 하는지도 이번 단계에서 알아볼 거예요. 목돈 5000만원 만들기 프로젝트도 준비돼 있답니다. 안전벨트 단단히 맸나요? 그럼 출발할게요.

부모님께

왜 자녀 투자교육이 필수일까요?

우리 속담에 '세 살 버릇 여든까지 간다'는 말이 있습니다. 어려서 몸에 밴 습관은 평생 잘 바뀌지 않는다는 뜻이죠. '오랜 습관은 사라지지 않는다(Old habits die hard)'는 영국 속담이나, '참새는 백 살까지 춤을 잊지 않는다'는 일본 속담도 같은 의미입니다. 이를 뒤집어 생각하면 ==어려서 좋은 습관을 들이면 평생 자산이 될 수 있다는 사실==을 일깨워 줍니다.

세상 모든 부모는 자녀에게 많은 것을 가르쳐주고 재산도 물려주고 싶어 합니다. 아이들이 세상을 살아가는 데 필요한 지식뿐 아니라 돈에 구애받지 않는 삶을 살게 해주려는 것이죠. 하지만 세상일이란 결코 쉽지 않고, 마음대로 되지 않는 법이죠. 주식 투자가 꼭 그렇습니다.

코로나19 사태가 덮친 2020년은 한국 사람들이 주식에 눈을 뜬 해입니다. 우리나라 증권시장의 코스피지수는 2020년 한 해 동안 30.8% 올랐습니다. 주가 상승률이 경제협력개발기구(OECD) 37개 회원국 중 1위를 기록해 더 주목을 끌었습니다. 2021년 상반기에도 코스피지수는 14% 넘게 올라 미국 증시보다 더 좋은 성적을 거뒀습니다.

이런 주가 상승은 이른바 '동학개미'로 불리는 1000만 명이 넘는 개인투자자가 주도하고 있습니다. 주식과는 담을 쌓고 살다가 처음 주식계좌를 개설하고 투자를 시작했다는

20~30대 젊은이, 주부 등 '주린이(주식+어린이)'들이 주위에 많습니다. 부모가 자녀에게 주식을 사주는 것도 유행처럼 번지고 있습니다. 서점에 가보면 주식 투자 관련 책이 베스트셀러 목록에 여럿 들어 있고, 직장이나 맘카페에서도 주식 투자가 단연 화제입니다.

그도 그럴 것이 은행 예금금리가 고작 연 1% 안팎이니 도무지 성에 차지 않습니다. 원금이 두 배로 불어나는 기간을 알아보는 '72법칙(복리 법칙)'으로 계산해보면 이자가 연 1%일 때 72년, 연 2%이면 36년, 연 3%이면 24년이 걸립니다. 이래서야 언제 목돈을 만들 수 있겠습니까?

더군다나 부모 세대는 1인당 소득 5000~1만달러 시대에 자랐지만 지금 어린이들은 소득 3만달러 선진국에서 자라나고 있습니다. 대한민국을 소득 5만~10만달러의 글로벌 선도국가로 이끌어갈 주역들입니다. 그렇다면 돈을 모으고 저축하는 방식도 달라져야 합니다. 이자를 쥐꼬리만큼 주는 예금만 고집할 게 아니라 우량주식, 펀드, 상장지수펀드(ETF) 같은 금융투자 상품에 눈을 돌려야 할 때입니다. 선진국에선 부모가 자녀에게 금융 투자를 적극적으로 가르치는 게 보통입니다.

지금부터 장기투자하면 정말 괜찮을까요?

주식 투자에 관심은 많지만 어디서, 어떻게, 무엇부터 접근해야 할지 난감한 것도 사실입니다. 초보자들은 남들이 무슨 종목이 좋다고 하면 덩달아 투자했다가 낭패를 보기도 합니다. 주식이란 것이 오르기만 하면 좋으련만, 주가 하락으로 원금을 손해 볼 위험도 분명히 존재합니다. 이런 위험을 최소화하려면 좋은 주식, 좋은 투자상품을 골라 '장기간' 투자하는 것이 최선입니다. 20년 전에 투자했다면 그 어떤 재테크 상품보다 높은 수익률을 기록한 것이 삼성전자 주식이고, 코스피지수였으니까요.

여기서 반드시 기억해둘 것이, ==어린이는 어른들에게는 없는 '자산'을 가졌다는 점입니다. 그것은 '시간'입니다.== 지금 초등학생이면 앞으로 거의 100년을 살아갈 것입니다. 그 긴 세월 동안 주가는 오르기도 하고 내리기도 할 것입니다. 과거 경험을 보면 주가 그래프는 장기적으로 상승하는 우상향 곡선을 그려왔습니다. 5년, 10년 뒤를 바라보는 긴 안목으로 주식 투자에 접근한다면 성공 확률이 매우 높을 것입니다.

천 리 길도 한 걸음부터라고 했습니다. 모든 스포츠가 그렇듯이 주식도 처음에 잘 배워두면 그다음부터는 스스로 공부하고 알아갈 수 있습니다. 그런 점에서 '슬기로운 주식생활'은 어린이가 엄마 아빠와 함께 주식 투자를 공부하고 흥미를 느끼며 차곡차곡 수익을 높여가게 해주는 투자의 교과서가 될 것입니다. 기초가 튼튼하면 웬만한 시험에 당황하지 않듯이 주식 투자도 기초가 중요합니다.

주식 투자에 큰돈이 필요한 것은 아닙니다. 아이들이 용돈을 쪼개거나, 세뱃돈 같은 것으로 조금씩 투자하는 것으로도 충분합니다. 더구나 요즘은 조각 케이크를 사듯이, 주식도 1주 단위가 아니라 쪼개서 적은 돈으로 살 수 있습니다. 어린이들이 주식 투자를 경험하면 여러 긍정적인 부수효과도 기대할 수 있습니다. 어떤 주식이든 사서 보유하게

주가는 꾸준히 상승하고 있어요

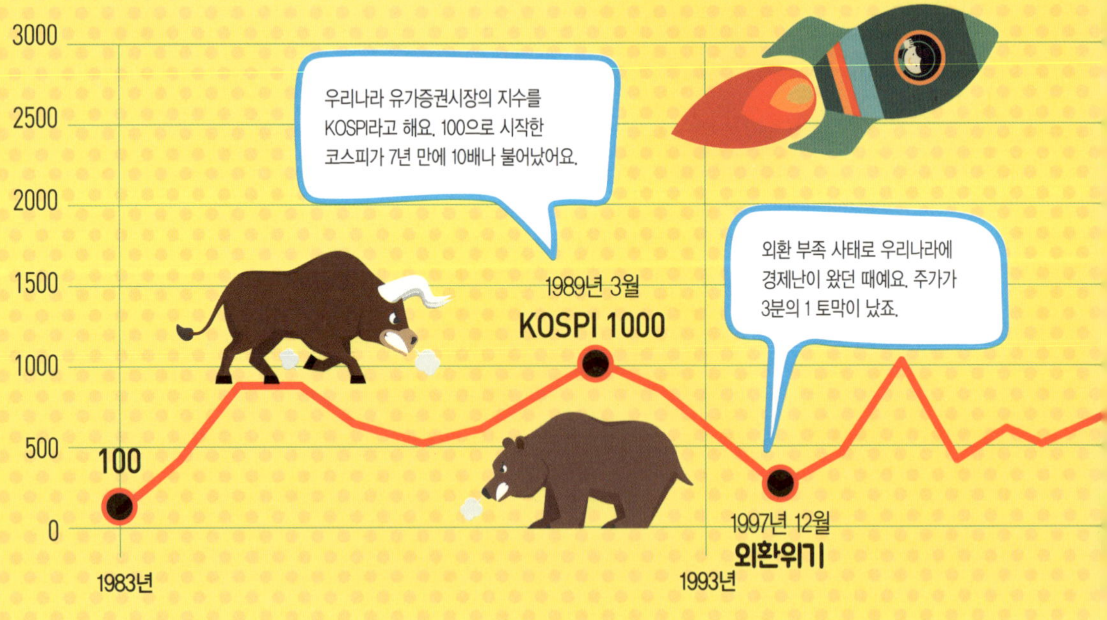
3000
2500
2000
1500
1000
500
0
우리나라 유가증권시장의 지수를 KOSPI라고 해요. 100으로 시작한 코스피가 7년 만에 10배나 불어났어요.
외환 부족 사태로 우리나라에 경제난이 왔던 때예요. 주가가 3분의 1 토막이 났죠.
100
1989년 3월
KOSPI 1000
1997년 12월
외환위기
1983년
1993년

되면 해당 기업에 관심을 두고, 연관되는 산업과 경제 전반의 흐름에도 눈을 뜨게 마련입니다. 주식 투자로 저축을 하는 동시에 경제공부까지 자연스레 이뤄지는 것입니다. 이런 경제지식은 어른이 돼 평생 살아가는 데 더할 나위 없는 무기가 될 수 있습니다.

'지혜의 왕'으로 불리는 솔로몬은 "마땅히 행할 길을 아이에게 가르쳐라. 그리하면 늙어도 그것을 떠나지 아니하리라"라고 했습니다. 〈나의 문화유산 답사기〉를 쓴 유홍준 교수는 "아는 만큼 보인다"고 했고, 개미를 연구한 생물학자 최재천 교수는 "알면 사랑하게 된다"고 했습니다. 주식에 관심을 가지면 아는 만큼 보이고, 알면 사랑하게 되며, 그다음에 눈에 보이는 것은 전과 같지 않을 것입니다.

한국 경제의 미래, 우리나라 대표 기업들을 믿는다면, ==자녀에게 매달 한 주씩이라도 주식으로 저축하는 습관을 길러 주십시오.== 아이들이 성장하면서 투자수익과 경제지식이 함께 커간다면 금상첨화일 것입니다. 유대인 격언처럼 자식에게 물고기를 주기보다 물고기 잡는 법을 알려주시기를 기대합니다.

오형규 한국경제신문 논설실장

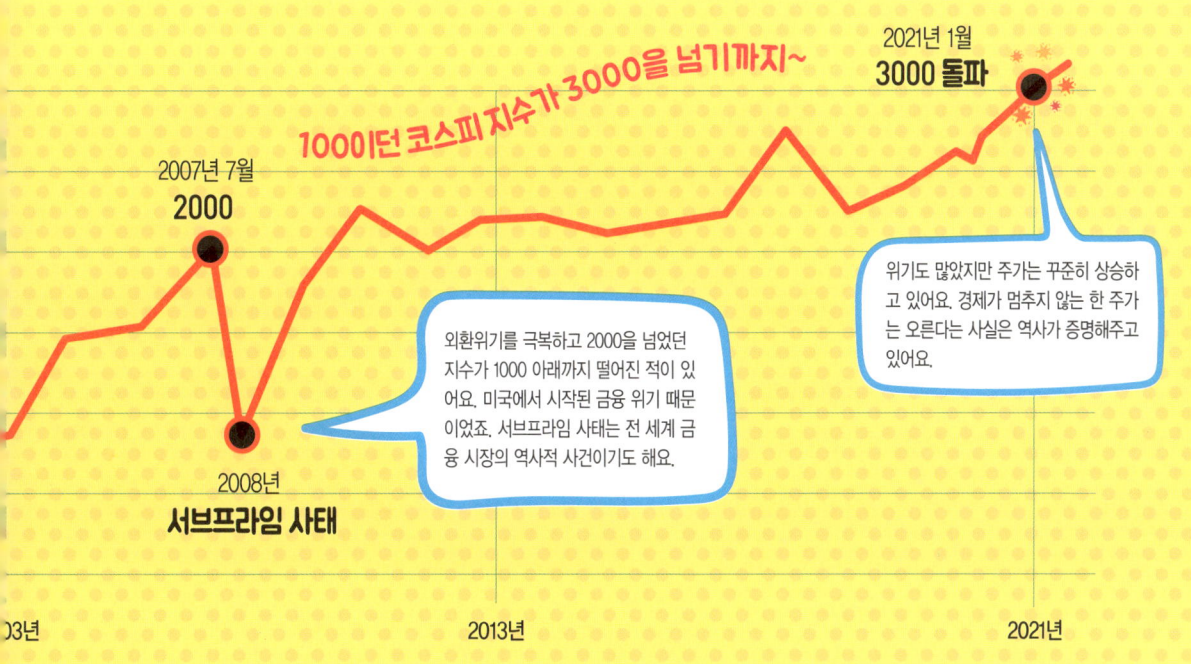

주주가 된 아홉살 지우

지분투자부터
크라우드 펀딩까지

지난해 이후 개인투자자 사이에서 주식 열풍이 불고 있습니다. 과거와 달라진 점이 있다면 자신을 위한 투자 공부만이 아니라 자녀의 경제독립 교육을 고민하고 행동으로 옮기는 부모가 부쩍 늘었다는 점이에요. 한경무크팀이 만난 정연우(37) 대표도 이런 분입니다.

정 대표는 자녀 경제교육 방법을 알리는 강의를 하고 있어요. 그의 딸 송지우(9) 양은 유치원과 학원을 다닌 적이 없습니다. 정 대표는 학원이나 유치원에 들어갈 돈(월 20만원 정도)을 딸을 위해 투자하고 있답니다.

정 대표는 딸과 함께 위너프라는 회사를 세웠습니다. 정 대표 지분 80%와 지우 지분 20%로 구성돼 있어요. 물론 지우의 지분에는 지우의 돈이 들어갔습니다. 정 대표는 자본금 1000만원짜리 회사를 세우면서 딸에게도 투자하라고 설득했습니다. 할아버지와 할머니 그리고 엄마와 아빠로부터 받아서 모아둔 용돈 380만원 중 200만원을 회사 세우는 데 보태보라는 권유였죠. 딸은 처음에 투자로 자기 돈이 날아가는 것은 아닌가 걱정했습니다. 사업이 다 그렇듯 실패할 가능성도 있으니까요. 정 대표는 지우를 사흘 동안 설득했답니다. ==엄마의 끈질긴 설득 끝에 200만원을 투자한 지우는 지분 20%를 가진 주주가 됐고,== 대표는 엄마가 맡는 것으로 합의해 1인 법인을 설립했습니다.

지우가 주주가 됐어요!
초등학교 2학년 지우는 엄마가 만든 회사의 지분 20%를 가지고 있어요. 주주인 셈이죠. 유치원비를 모아서 회사에 투자했어요. 주주가 되어 보니 기업이 어떻게 운영되는지, 주식 투자가 어떤 의미인지 잘 알게 됐어요.

유치원 대신 사업을 시작했어요

왜 딸과 함께하는 회사를 설립하고 싶었을까요?

"딸이 사교육에서 벗어나 현장 교육을 체험해보게 하고 싶었습니다. 용기 있고 독립적인 사람으로 키우고 싶었죠. 아이가 가고 싶어 하지 않는 유치원에 보내는 대신 현장 체험을 갔고, 대화도 많이 했습니다. 경제교육도 그래요. 돈을 말로 알려주기보다 현장에서 배우게 하고 싶었습니다. 그래서 딸과 함께 창업을 한 거죠."

지우는 베이킹을 잘해요. 엄마의 강의가 있을 때 강의를 들으러 온 사람들을 위해 쿠키를 구워서 나눠주기도 했답니다. 최근 코로나19로 강의가 열리지 못하면서 동네 사람들에게 쿠키를 어떻게 나눠줄까를 고민했습니다. 그때 생각한 것이 크라우드(crowd) 펀딩 시스템이었어요. 크라우드는 '여러 사람'을 뜻하고 펀딩은 '돈을 모으는 것'이란 말이에요. 즉 여러 사람으로부터 투자금을 받는 거예요. 첫 펀딩에서는 아파트 이웃들의 후원을 받았습니다.

"베이킹에 필요한 버터를 후원해주시면 맛있는 빵과 쿠키를 만들어 배달해 드리겠습니다."

"쿠키 만드는 데 필요한 버터를 후원하시면 쿠키를 구워 드릴게요."

반응이 좋았어요. 심지어 이웃에서 버터를 공동구매해 후원해주기도 해서 지우가 쿠키를 구울 수 있었답니다. 그 뒤 곧바로 다음 프로젝트에 들어갔습니다.

"쿠팡 포인트를 후원해 주시면 상투과자, 깨찰빵, 마카롱 등 세 가지 디저트를 만들어 드릴게요."

베이킹에 필요한 재료를 원할 때, 필요한 양만큼만 구입하기에 가장 적합한 후원이었습니다. 이웃들은 후원은 물론이고 응원까지 듬뿍 아끼지 않고 보내줬답니다. 지우는 이런 응원과 후원 덕분에 큰 자신감과 용기를 얻었고, 재료비 걱정 없이 원하는 만큼 새로운 메뉴에 도전할 기회를 가질 수 있었습니다.

지우는 디즈니를 보면 주식을 먼저 생각해요

지우는 베이킹 후원에서 실패도 경험했지만 그 실패에서 더 많은 것을 배우고 느꼈습니다. 정 대표는 지우와 많은 대화를 하면서 실패했다는 좌절감보다 실패로부터 얻을 수 있는 배움에 집중할 수 있게 했어요.

베이킹 후원 프로젝트를 통해 지우는 사업 이해도가 높아졌고, 자연스럽게 기업 비즈

알아두세요

ETF가 뭔가요?

ETF는 Exchange Traded Fund의 약자예요. 주가나 지수를 따라 움직이는 펀드를 주식시장에서 거래할 수 있게 한 투자 상품 중 하나죠. 그런데 펀드는 주식처럼 바로바로 사고 팔 수 없는데 ETF는 주식처럼 사고 파는게 편리해요. 펀드와 주식 투자의 장점을 결합한 상품이죠.

니스에도 부쩍 관심이 커졌습니다. 정 대표는 그런 지우가 이해하기 쉽게 주식 이야기도 자주 들려줬답니다. 지우는 이미 엄마와 회사를 설립한 경험이 있는 주주여서 주식에 대한 거부감 없이 흥미를 느꼈습니다. 첫 투자는 미국 상장지수펀드(ETF)였습니다. ETF는 여러 회사 주식을 섞어놓은 거랍니다. 엄마가 가장 많이 쓰는 아이폰과 맥북을 제조하는 애플, 지우가 좋아하는 만화를 제작하는 디즈니 주식이 포함된 ETF였습니다.

"처음부터 곧바로 주식에 직접 투자하는 것은 위험이 커서 해외 ETF를 통해 주식 투자를 했습니다. 디즈니에 투자하고 나서 지우는 디즈니에 관한 뉴스만 나오면 관심을 두게 됐어요. 그리고 엄마와 대화를 많이 해

요. 디즈니 만화가 재미있다는 수준에 머물지 않고 이제는 디즈니 만화가 왜 재미있는지, 또 친구들이 많이 보면 볼수록 자기 계좌에 돈이 불어날 거라는 생각을 해요. 다른 아이들과 다른 관점으로 접근하게 된 거죠." 정 대표는 지우를 어떻게 키우고 싶을까요? 그의 대답은 간단했습니다.

"최고의 교육법은 현장 체험과 끊임없는 대화라고 생각해요. 저는 지우를 현장 체험을 통해 주체적으로 키우고 싶습니다. 해야 하는 삶보다 하고 싶은 삶을 사는 자유, 내 삶의 주인이 되는 경제적 자유를 위해서는 살아있는 현장 교육이 필요해요. 그래서 창업과 투자를 가르칩니다."

존 리 아저씨는 누구인가요

메리츠자산운용 대표랍니다. 도이치투신운용, 라자드자산운용 같은 해외의 유명한 곳에서 펀드매니저를 했었죠. 자산운용은 펀드를 만들고 투자하는 걸 말해요. 펀드매니저는 자산운용사에서 펀드를 기획하고 펀드에 속한 기업 종목 선택도 하는 직업이에요. 존 리 아저씨는 투자업계에서 정말 유명한 분이죠. 어릴 때부터 용돈을 모아 일찍 주식 투자를 시작하면 어른이 됐을 때 더 큰 기회를 만들 수 있다는 이야기를 많이 해주는 존 리 아저씨도 초등학교 4학년 때부터 투자를 시작했다고 해요.

투자 고수를 만나봤어요

존 리 아저씨, 투자는 왜 해야 돼요?

펀드매니저라는 말을 들어본 적이 있을 겁니다. 여러 사람으로부터 돈을 모아 주식, 채권 같은 자산을 대신 사고팔아 수익을 내는 사람이지요. 어떤 기업에 투자하는 것이 가장 좋을지를 항상 고민하는 투자 고수들입니다. 여러분이 만나볼 존 리 메리츠자산운용 대표도 이런 펀드매니저 출신이랍니다. 신문은 물론이고 TV 프로그램에 여러 번 출연해서 이 책을 읽는 독자 중에도 얼굴을 기억하는 분이 제법 많을 겁니다. 존 리 대표는 미국에서 회계사로 일하다 펀드매니저로 변신해 주식 투자로 큰 성공을 거둔 분입니다. 세계 최고 금융회사들이 모여 있는 미국 뉴욕 월스트리트에서 한국 투자 전문가로 이름을 날렸지요. 2014년 한국으로 돌아와 메리츠자산운용 대표를 맡아 일하고 있답니다. 존 리 대표는 좋은 기업에 오래 투자하는 장기 투자를 특히 강조하는 분입니다. 초등학생 때부터 주식과 투자 공부를 시작하라고 늘 얘기합니다. 2016년에 쓴 〈엄마, 주식 사주세요〉라는 책이 베스트셀러에 올라 화제를 모으기도 했답니다. 책 제목 그대로 엄마와 자녀가 함께 주식 투자에 일찍부터 관심을 가져야 한다는 내용이에요. 존 리 대표를 한경무크팀이 만나서 왜 주식에 오랫동안 투자해야 하는지 이유를 들어봤습니다.

책 〈엄마, 주식 사주세요〉가 나온 지 벌써 5년이 지났네요. 그동안 한국에서 투자 문화가 달라진 점을 느낍니까.

많이 달라졌지요. 예전엔 주변 사람들에게 주식에 투자하라고 말하면 90% 이상은 '이 사람 사기꾼 아니야?'하는 의심 섞인 눈초리로 바라봤어요. 이제는 그렇지 않아요. 주식 투자가 필요하다는 점은 많이들 알고 있죠. 다만 제대로 된 투자 방법을 모른 채 무작정 주식을 사는 경우가 많아졌어요. 투자 교육과 가이드가 필요한 시점입니다. 그런 식으로 막무가내로 투자하다간 다시 주식에 대한 나쁜 이미지만 생길 수 있으니까요.

강연을 통해서 투자자들을 자주 만날 텐데, 요즘은 어떤 질문을 많이 받는지요.

몇 년 전만 해도 어떤 주식을 사야 하는지 콕 찍어 달라느니, 어떤 종목을 언제 사서 언제 팔아야 하는지를 알려달라는 질문이 많았어요. 이제는 수준이 좀 더 올라갔습니다. 제 책을 읽은 독자도 많이 만났고요. 왜 오랫동안 주식에 투자해야 하는지와 같은 근본적인 질문도 많습니다. 주식에 투자했다가 실패한 사례를 들려주면서 무엇을 잘못했는지 알려달라는 분도 계시고요. 손해를 봤는데도 계속 투자하는 게 맞는지 고민이라는 분들도 있어요. 그럴 때마다 저는 주식 투자는 좋은 기업의 주인이 되는 것이라고 얘기합니다. 장기간 투자해야 한다고 강조하고, 그러니 자녀들에게 주식을 가르치라고 당부합니다. 요즘 느끼는 긍정적인 변화는 ==부자에 대한 나쁜 인식이 많이 없어졌다는 겁니다.== 특히 젊은이들 사이에서요. 20~30대를 만나보면 주식 투자를 통해서 희망을 봤다는 사람이 많습니다. 예전엔 쥐꼬리만 한 월급으로는 부자가 되기 불가능하다고 생각해 돈을 함부로 썼는데 주식에 장기간 투자하는 방법으로 자기도 부자가 될 수 있다고 생각이 달라졌다는 거지요. 좋은 현상입니다.

투자를 일찍 시작하고 장기간 지속해야 한다고 평소 강조하십니다. 투자 시작 시점이 빨라야 하는 이유는 무엇입니까.

저는 돈이 일을 해야 한다고 표현합니다. 무슨 말이냐 하면, 복리의 마법이 일을 하는 것이란 뜻입니다. 잘 알다시피 복리는 투자 원금에 이자가 붙고, 그 이자로 늘어난 원금에 다시 이자가 붙는 과정을 거치면서 큰 뭉칫돈을 만들 수 있는 무기예요. 이런 복리의

알아두세요

단리와 복리의 차이를 배워봐요

단리와 복리가 어떻게 다른지 알아볼까요?
단리는 원금에 대한 이자만 늘어나는 계산법이에요.
100만원을 연 4%의 수익률로 투자했을 때 단리로 계산하면 50년 뒤에 300만원이 돼요.
이와 달리 복리는 원금에서 발생한 이자에도 다시 이자가 붙어요. 100만원을 연 4%, 복리로 투자하면 50년 뒤에 710만원이 돼요. 단리로 계산했을 때의 두 배가 넘어요.

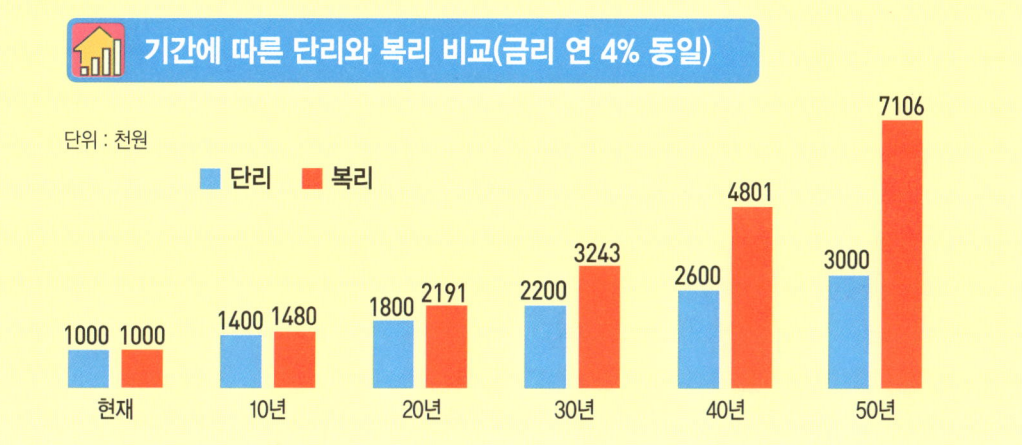

기간에 따른 단리와 복리 비교(금리 연 4% 동일)

기간	단리	복리
현재	1000	1000
10년	1400	1480
20년	1800	2191
30년	2200	3243
40년	2600	4801
50년	3000	7106

(단위: 천원)

마법이 일어나려면 긴 시간이 필요합니다. 시간이 많은 사람이 절대적으로 유리한 거지요. 그러니까 초등학생 시절부터 투자에 눈을 떠야 합니다.

어린 시절 투자에 관심을 두게 된 계기가 있었나요? 개인적인 일화가 있으면 소개해 주십시오.
초등학교 4학년 때일 겁니다. 단짝 친구와 은행 적금 광고를 봤는데 너무 신기했어요. 매달 700원을 맡기면 1년 뒤에 1만원을 준다는 내용이었지요. 1년은 12개월이니까 700원에 12를 곱하면 8400원을 맡기는 건데 어떻게 은행이 나한테 1만원을 줄 수 있는지가 너무 궁금했습니다. 1600원이 그냥 생기는 건데 왜 사람들이 은행에 안 갈까 이해가 되지 않았어요. 게다가 은행은 어떻게 돈을 벌 수가 있는지도 신기했고요. 그 후로 저는 돈이 생기면 은행에 갔습니다. 저금통에 돈을 넣는 건 바보라고 생각했으니까요. 10원, 20원 생길 때마다 은행으로 향했지요.

결과는 어땠습니까.

안타깝게도 은행 창구 누나가 너무 자주 온다고 면박을 줬어요, 하하. 그때는 컴퓨터가 아니라 은행 직원들이 일일이 손으로 써서 장부를 관리했거든요. 푼돈을 들고 너무 자주 찾아오니 일이 번거로웠던 거지요. 저보고 돈을 모아서 한꺼번에 맡기라더군요. 부끄러워서 그 후로는 자주 가지 못했습니다. 하지만 그때 투자라는 개념을 깨달은 것은 큰 소득이었지요. 친구들은 푼돈 생기면 사탕을 사먹거나 돼지저금통에 넣었지만 저는 은행에 가는 법을 배웠으니까요. ==만약 그때 누가 저한테 주식 투자를 알려줬으면 지금보다 더 부자가 돼 있을 텐데 안타까울 뿐이죠, 하하하.==

초등학생 자녀를 둔 부모가 있다면 어떤 자산에 어떻게 투자하라고 얘기해주고 싶습니까.

투자는 절대 어렵지 않아요. 어렵다고 생각할 뿐이에요. 투자에 대한 잘못된 편견이 아직 많습니다. 우리 아이 부자 만들기는 하루라도 일찍 시작하는 것이 유리합니다. '당장 돈이 없으니 나는 어렵지 않을까' '내 아이는 부자가 되기 어려울 텐데' 같은 생각을 버리세요. 당장 부모님들도 '내 월급이 빤한데, 아이 학원에 과외비 내고 나면 어느 세월에 부자가 되나'라고 생각할 겁니다. 저는 그런 사교육비를 아이에게 투자금으로 주라고 조언합니다. 학원 안 다닌다고 공부 못하는 것도 아니에요. 요즘은 온라인이나 모바일로 공부하는 방법이 많고 도서관 같은 시설도 잘돼 있잖아요. 과외나 학원에 의존하지 않아도 공부 잘하는 길은 많이 있습니다. 그 돈으로 투자를 하면 절대 후회하지 않습니다. 우리 사회가 신기한 게, 많은 부모가 그런 생각을 가지고 있으면서도 막상 실행에 옮기지 못한다는 거예요. 아이가 공부 잘해서 좋은 대학 가는 게 최고의 목표가 돼서는 곤란합니다. 물론 좋은 학교에 가는 것도 중요하지만 부자가 되는 길에 학벌은 필요 없어요.

자녀의 투자 마인드를 키워주려면 부모의 역할이 가장 중요하겠지요. 부모는 무엇부터 해야 할까요.

네 가지를 어릴 때부터 가르치는 겁니다. 돈을 어떻게 벌고 쓰는지, 그리고 어떻게 저축하고 투자하는지를 알려주는 것이 아이를 부자로 만드는 기본 원칙입니다. 유대인의 교육과 마찬가지예요. 유대인 부모들은 아

알아두세요

워런 버핏은 누구인가요?

세계적인 투자자입니다. 벅셔해서웨이라는 회사 대표기도 하고요. 오마하의 현인이라고 불리는데 어렸을 때부터 껌이나 콜라, 주간신문 등을 팔고, 할아버지의 채소가게에서 일을 하거나 핀볼기계를 이발소에 설치해 돈을 벌기도 했대요. 그리고 11살 때에는 누나와 함께 100달러의 자금으로 주식 투자를 시작해 일찍 투자에 눈을 떴죠. 17살부터 21살 때까지 펜실베이니아대학 와튼 비즈니스 스쿨, 네브래스카–링컨대학, 컬럼비아대학 경영대학원에서 경제학을 공부했습니다.

이들과 대화하면서 어떻게 돈을 버는지를 실제로 보여주고 가르칩니다. 값비싼 명품 가방에 돈을 쓰기보다는 싸고 실용적인 물건을 사는 것을 보여주고, 번 돈으로 어려운 사람을 도와주는 것도 알려주고요. 돈에 대한 철학을 갖게 하는 것이지요. 이런 얘기를 평소에 자녀들과 많이 해야 합니다. 그리고 사교육에 들어가는 돈을 자녀의 투자금으로 쓰는 겁니다. 학원 대신 미래를 위해 투자하고 함께 도서관 가서 책 보고 공부하면 아이도 동의할 거예요. 그리고 주식과 채권은 무엇인지 가르쳐주고, '주식은 나쁜 게 아니라 기업의 소유권을 사는 것이구나' 깨닫게 하고요. 그런 시간을 거치면 자녀들이 창업 아이디어까지 떠올릴 수 있을 거예요. 카카오 주식을 샀는데 내가 보기엔 이 회사는 이렇게 하면, 이런 서비스를 내놓으면 더 좋을 것 같다는 생각도 할 수 있겠지요. 이런 아이디어를 계속 내면 리스크, 즉 위험을 택하는 것을 즐기게 됩니다. 인생은 위험을 떠안는 것이잖아요. 얼마나 현명하게 위험을 택하는지가 중요하죠. 요즘 안타까운 것이 주변을 보면 편한 것만 하려는 젊은이가 많아요. 너도나도 안정적인 공무원이나 대기업 사원이 되기를 원하죠. 어릴 때부터 자기주도적이고 능동적으로 사고하는 법을 배우지 못해서 그렇다고 생각해요. 학원에서 주입식 교육에 몰입한 결과죠. 자신의 생각을 말하는 학생이 없으면 나라의 미래도 없습니다. 위험을 선택하고 주도적으로 자신의 아이디어를 실천하는 젊은이가 많아야 역동적인 국가가 될 수 있어요.

학교 현장에서 투자 교육이 충분하지 않다는 지적이 많습니다. 어떻게 개선해야 할까요.

교사들을 대상으로 강연을 많이 하는데, 제가 느끼는 점은 교사들이 투자에 대한 개념을 정확히 갖고 있지 못하고 몸에 익숙하지 않다는 겁니다. 최근에 조금씩 바뀌고 있다는 점은 희망적이에요. 그리고 한국만큼 공교육 수준이 높은 나라도 많지 않아요. 그런데도 공교육을 등한시하고 사교육 시장으로 몰려가는 건 너무 안타깝죠. 이제는 일방통행식의 교육은 통하지 않는 세상입니다. 역동성은 자율과 유연성에서 나와요. 정부 주도에서 민간 위주로 바뀌어야 해요. 학교에 더 많은 자율권을 넘겨줘야 합니다. 학생을 몇 명 뽑을지, 어떤 내용을 가르칠지 학교가 스스로 결정하게 해야 합니다. 미국은 홈스쿨도 많은데 한국은 그렇지 않잖아요.

어린이를 위한 투자 교육에서 가장 중요한 점은 무엇일까요.

유대인처럼 아이들이 부자가 되고 싶은 마음을 갖게 만들어야 합니다. 초등학교, 중·고등학교에 가서 투자 강의를 하면 '왜 부자가 돼야 하죠?'라고 반문하는 학생이 많아요. '소비의 즐거움은 왜 모르세요?'라고 반박하기도 합니다. 내가 먹고살 정도면 충분하지 왜 부자가 되려고 애를 써야 하는지 이해를 못하는 학생들도 있어요. 그러면서도 친구들끼리는 몇 평 아파트에 사는지 서로 물어봐요. 아파트 단지끼리 비교도 하고요. 경제 관념이 뒤죽박죽인 거죠. 아이들에게 돈의 소중함을 가르쳐 주는 것이 가장 중요합니다. 돈을 다스릴 줄 알게 말이지요. 돈으로 세상을 바꿀 수 있고, 어려운 사람을 도와주려면 돈이 필요하다는 것도 말해줘야지요. ==돈에 대해 긍정적인 생각을 갖도록 유도하는 것==이 제일 중요합니다.

투자 자산 가운데 주식을 가장 먼저 추천한다면 그 이유는 무엇입니까. 어린이들이 주식을 알아야 하는 이유는요.

더 크게 성장할 기업에 투자하는 것이 주식을 사는 것이기 때문이지요. 그리고 아이들이 직접 주식에 투자하게 해보세요. 워런 버핏도 열한 살에 주식을 샀다가 실패한 경험이 크게 공부가 됐다고 했어요. 자신의 돈을 넣지 않고 이론적으로만 투자를 배워선 소용이 없습니다. 주식이 뭔지, 펀드가 뭔지 직접 경험해보고 배워야죠. 좋은 기업의 주식을 한 주, 두 주 사서 모으는 게 얼마나 큰 즐거움인지를 아이들이 느끼게 해줘야 합니다. 가령 아이들에게 '네가 카카오 주식을 사면 그 회사의 주인이 되는 거니 얼마나 좋은 일이니?'라고 북돋아줘야죠.

어린이 투자자를 위해 조언해주십시오.

돈이 일을 하게 하라고 말해주고 싶어요. 그리고 돈이 가장 열심히 일할 수 있는 것이 주식에 오래 투자하는 것이라고요. 주식을 샀다 팔았다 자꾸 되풀이하는 건 도박이나 마찬가지예요. 주식은 기업을 소유하는 것이고, 기업을 꾸려가는 사장과 직원들의 철학을 보고 투자하는 것이라는 점을 강조하고 싶습니다. 그리고 부모들의 변화도 꼭 필요합니다. 반려견을 훈련하려면 주인부터 먼저 교육을 받고 알아야 하듯이, 엄마 아빠가 먼저 바뀌지 않으면 사랑하는 자녀들도 부자가 될 수 없답니다.

이것만은 꼭!

어릴 때부터 투자하면 이런게 좋아요

- 경제가 어떻게 움직이는지 이해하는 데 도움이 돼요
- 용돈을 관리하고 소비하는 습관이 저절로 길러져요
- 돈의 소중함을 알게 돼요
- 물건을 사거나 게임을 할 때 저절로 기업에 대한 관심도 생겨요
- 부자가 되고 싶다면, 어른이 돼서 시작하는 건 늦어요

10년 후 대학 학자금 5000만원을 지금부터 모아보자

투자를 하기 위해서는 목표를 분명하게 세워두는 것이 좋습니다. 막연하게 '돈을 잘 굴려서 나중에 큰돈을 손에 쥐면 좋겠어'와 같은 생각은 곤란해요. 여러분은 엄마 아빠와 함께 산에 올라가 본 적이 있나요? 산에 가봤다면 등산을 시작하기 전에 먼저 지도부터 확인하는 걸 봤을 겁니다. 어디까지 올라갈지를 먼저 정하고, 목적지에 맞게 어떤 등산로로 올라갔다가 어느 쪽으로 내려올지를 미리 머릿속에 그려보는 겁니다. 시간이 얼마나 걸리는지도 반드시 알아둬야죠.
투자도 마찬가지예요. 어떤 방식으로 얼마씩 투자해서 몇 년 후에는 얼마 정도의 돈(흔히 목돈이라고 표현해요)을 마련해야겠다고 계획을 세워두는 것이 좋아요.

초등학교 3학년인 슬기의 사례를 생각해봅시다. 슬기는 10년 후면 대학에 들어갈 거예요. 여러분 혹시 뉴스에서 우리나라 대학 등록금이 얼마나 되는지 들어본 적이 있나요? 교육부와 한국대학교육협의회라는 단체가 2021년 4월 조사한 자료를 보면 4년제 대학 195개 학교의 1인당 연평균 등록금은 673만 3500원으로 집계됐어요. 대학생이 1년 동안 수업을 듣는 대가로 학교에 내는 돈이 670만원이 넘는다는 얘기예요. 실험과 실습이 많은 의과대학과 공과대학에 다니는 언니 오빠들은 아마 이보다 훨씬 더 많이 내야 할 겁니다.

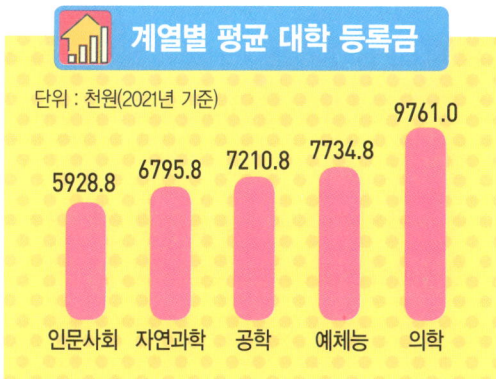

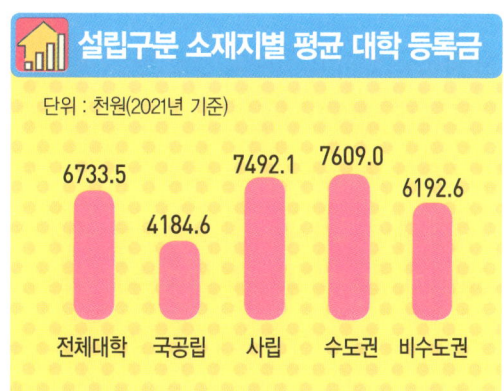

평균치인 673만3500원으로만 계산해도 대학을 졸업하기까지 4년 동안 등록금으로만 2693만4000원이 든다는 계산이 나옵니다. 등록금이 올라가면 금액도 함께 커지겠지요. 또 자기가 사는 곳이 아닌 다른 지역에서 학교를 다닌다면 기숙사비나 월세, 식비 같은 생활비도 필요할 겁니다. 매 학기 수업에 사용하는 책과 교재도 구입해야 하죠. 이렇게 따지면 대학 4년 동안 대략 5000만원이 넘는 돈이 들어간다고 해요.

대학 학자금을 지금부터 마련해봐요

자, 이제 목표를 세워 봅시다. 슬기는 대학생이 되기까지 10년 동안 투자를 해서 대학생활 4년에 필요한 5000만원을 마련하겠다는 계획을 세웠습니다. 물론 부모님의 도움이 필요하죠. 학생이 10년 동안 돈을 벌 수는 없을 테니까요. 투자금은 부모님이 낸다고 가정합시다. 대신 슬기가 용돈을 아끼고 불필요한 지출을 줄이면 부모님의 부담은 훨씬 줄어들 거예요.

10년 후에 5000만원을 손에 쥐겠다는 목표를 세웠으니 이제 어디에 돈을 투자할지를 생각해봅시다. 여기서는 ==은행의 적금 상품, 채권, 주식 등 세 가지 투자 방식을 가정할 거예요.== 가장 일반적인 금융 투자 상품들이죠. 그리고 투자는 매월 일정 금액씩 한다고 칩시다. 그래서 은행에 맡겼을 때, 채권을 샀을 때, 주식을 샀을 때 10년 후에 각각 5000만원이 되려면 매월 얼마씩 투자해야 하는지를 계산하고 비교해 볼 거예요.

제일 먼저 은행으로 가볼까요

은행은 여러분이 가장 친숙한 금융회사죠. 요즘은 초등학생들에게 금융교육을 시키기 위해 매달 일정 금액을 은행 적금에 들게 하는 학교도 있다고 하네요. 6년 동안 매월 조금씩 돈을 냈다가 졸업할 때 목돈을 받아들면 기분이 뿌듯하겠죠. 은행은 돈을 맡긴 사람에게 매년 몇%의 금리를 줄지를 미리 약속합니다. 금리는 맡긴 돈인 원금에 붙는 이자의 비율, 즉 이자율이에요. 돈의 가치이기도 하죠. 만약 은행 금리가 연 10%라고 하면, 여러분이 1만원을 맡기면 1년 후에 은행은 1만원의 10%인 1000원을 이자로 준다는 의미예요. 처음 맡겼던 1만원을 더하면 1만 1000원이 여러분 손에 들어오는 거죠.

안타깝게도 은행 금리는 해가 갈수록 떨어지고 있어요. 금리는 돈에 붙는 이자율이라고 했죠. 이자는 돈을 빌려준 대가로 받는 겁니다. 돈을 빌려달라는 곳이 많으면 이자도 올라가는 거지요. 반대로 돈을 쓰겠다는 사람이 줄어들면 이자도 떨어진답니다. 수요와 공급의 법칙이라고 들어봤나요? 같은 원리랍니다. 여러분의 할아버지 할머니나 부모님이 어렸던 시절에는 우리나라 경제가 빠른 속도로 성장하고 있었습니다. 건물 짓고 다리 놓고 공장 세우려면 돈이 많이 필요했겠죠. 그러니 금리가 높았어요. 그 시절에는 은행 금리가 두 자릿수, 그러니까 연 10%를 넘기도 했어요. 하지만 우리나라 경제가 어느 정도 성장한 뒤에는 금리가 조금씩 낮아지고 있습니다. 은행 정기예금 금리는 2020년 하반기부터 연 1% 아래로 떨어졌답니다.

슬기는 매월 일정 금액을 은행에 맡길 거니까 목돈을 한꺼번에 넣는 정기예금이 아니라 달마다 조금씩 돈을 맡기는 적금상품에 가입한다고 가정해 볼게요. 10년 동안 적금에 매월 얼마를 넣으면 목돈 5000만원을 만들 수 있는지 NH투자증권에서 일하는 전문가들이 계산해 봤어요.

적금에 적용할 금리는 은행 금리 중에서도 대표선수로 통하는 양도성예금증서(CD) 만기 91일짜리 금리를 사용했어요. 용어가 어

알아두세요

금리란?
원금에 지급되는 기간당 이자를 비율로 표시한 것으로, 같은 의미로 '이자율'이라고도 해요.

금리 연 10%라고 가정할 때
원금 10,000원이면
이자 1,000원
만기 시 원금 + 이자 = 11,000원

려운데 그냥 은행에 돈을 맡기면 주는 이자율이라고 생각하면 됩니다. 최근 금리인 연 0.67%를 적용하고, 10년 동안 변하지 않는다고 가정합니다. 물론 슬기가 대학생이 되기까지 금리가 오르락내리락하겠지만 계산을 간단하게 하기 위해서 한 가지 금리로 고정할게요. 계산기를 돌려 보면 슬기가 은행 적금에 가입하고 10년 후에 5000만원을 받으려면 매월 39만9500원을 투자해야 한다는 결론이 나와요. 달마다 원금에 이자가 조금씩 붙어서 늘어난 원금에 다시 이자가 매겨지는 복리 방식을 가정한 거예요. 복리가 뭔지는 뒤에 다시 설명이 나올 겁니다. 어때요. 매월 40만원 가까운 돈을 맡겨야 하는데 적지 않은 돈이죠? 그래도 10년 뒤면 5000만원이라는 큰돈이 된다니 기대가 되네요.

채권에 투자해서 목돈을 만들어 봐요

이번엔 채권 차례예요. 은행 예금, 적금이나 주식은 여러분도 자주 들어봤겠지만 채권은 약간 생소할 수도 있어요. 채권 역시 이 책 뒷부분에서 자세히 설명할 거니까 어려워

+PLUS 용어

채권이란?
돈을 빌려가는 사람이 얼마의 이자를 붙여 언제까지 갚겠다고 약속하는 증서예요.

마세요. 쉽게 말하면 채권은 돈을 빌려주고 받는 증서예요. 간단하죠. 한자로 채(債)는 빚, 권(券)은 증서라는 뜻입니다. 얼마를 빌려주고, 언제까지 원금을 갚고, 또 이자는 얼마를 주겠다고 약속하는 증표라고 할 수 있어요. 개인끼리 돈을 빌려주면서 쓰는 차용증서와 비슷하다고 보면 됩니다.

채권은 돈을 빌려가는 곳이 어딘가에 따라서 이름이 달라져요. 우리는 그중에서도 가장 안전한 국고채에 투자하는 걸 가정할 겁니다. 국고채는 정부가 돈을 빌려가면서 투자자에게 주는 증서랍니다. 정부도 돈을 쓸 곳이 많기 때문에 채권을 주고 돈을 빌리는 경우가 자주 있어요. 대한민국 정부가 발행하는 채권이니까 돈을 떼일 가능성이 아주 낮은 안전한 투자처라고 할 수 있지요.

국고채 이자율도 은행과 마찬가지로 매년 아래를 향해 떨어지고 있어요. 국고채는 만기가 3년짜리인 채권이 대표 상품으로 통한답니다. 국고채 3년물이라고 불러요. 한국은행 자료를 찾아보니 약 10년 전인 2011년 6월의 국고채 3년물 금리는 평균 연 3.65%

10년 후에 목돈 5000만원을 만들려면 매월 얼마씩 투자해야 할까요?

- **은행 적금**: 39만 9500원
- **국고채**: 39만 500원
- **주식**: 23만 6700원

※적금은 CD 91일물 금리(연 0.67%), 국고채는 3년물 금리(연 1.12%), 주식은 코스피지수 과거 20년 평균 상승률(연 10.31%) 적용
자료 : NH투자증권

였어요. 최근인 2021년 5월에는 연 1.13%로 떨어졌네요. 거의 3분의 1 수준으로 낮아진 셈입니다. 은행 이자처럼 채권 금리도 최근 몇 년 동안 조금씩 떨어지는 현상을 보이고 있어요.

개인이 채권에 투자하려면 큰돈이 필요한 경우가 많아요. 채권 시장은 은행 예금과 달리 몇억원씩 뭉칫돈이 오가는 곳이랍니다. 그렇다고 슬기처럼 적은 돈으로 채권에 투자하는 방법이 없는 건 아니에요. 주식을 거래하는 한국거래소(KRX)라는 곳에서 직접 살 수도 있고, 펀드매니저들이 투자자의 돈을 모아 대신 채권을 사고팔아 주는 채권형 펀드에 가입하면 된답니다. 우리가 투자할 국고채의 금리를 연 1.12%로 가정하고 10년 뒤에 5000만원을 만들기 위해 매월 투자해야 할 금액을 NH투자증권 리서치센터가 계산해 봤어요. 결과는 39만500원이 나왔어요. 위에서 확인했던 은행 적금(39만9500원)과 9000원밖에 차이나지 않습니다. 우리가 가정했던 금리는 적금은 연 0.67%, 국고채는 연 1.12%였어요. 금리 차이는 비교적 많이 났지만 실제 5000만원을 만들기 위해서 매월 투자해야 할 금액은 생각만큼 크지 않다는 생각이 드네요. 계산을 해 본 편득현 NH투자증권 부장은 "은행 적금과 국고채는 금리 수준 자체가 워낙 낮아서 10년이라는 비교적 긴 시간 투자했음에도 불구하고 월 투자액에서는 큰 차이를 보이지 못했다"고 설명했습니다.

나도 오늘부터 어엿한 주주

이제 마지막으로 주식에 투자할 경우예요. 적금이나 국고채와 달리 주식은 종류가 엄

청나게 많아요. 한국거래소에서 사고팔 수 있는 주식은 2300개 가까이나 된답니다. 그래서 우리는 계산을 쉽게 하기 위해서 한국 주식시장을 대표하는 지수인 코스피지수를 사용할 겁니다. 주식시장에서 거래되는 여러 기업의 주가를 평균해서 하나의 숫자로 표시한 거예요. 여러분 학교에서 전교생 평균 성적을 내는 것과 비슷하답니다. 코스피지수는 지난 20년 동안의 평균치를 쓸 거예요. 주식은 적금이나 채권과 달리 가격의 오르내림이 심하거든요. 어떤 해에는 20% 넘게 올랐다가도 다음해에는 원금을 10% 까먹을 수도 있습니다. 2001년부터 2020년까지 20년 동안 코스피지수의 평균 성적은 10.31%입니다. 매년 평균적으로 10% 정도의 이자가 붙었다는 얘기죠. 물론 과거의 성적이 앞으로 10년의 성과를 약속하지는 않아요. 코스피지수와 같이 움직이는 주식 상품에 투자한다고 가정해봅시다.

매년 10.31%의 수익이 나는 ==주식에 10년 동안 투자하고 5000만원을 만들려면 매월 얼마를 부어야 할까요. 계산 결과는 월 23만6700원==

이에요.

이제 세 가지 투자 결과를 비교해 볼까요. 은행 적금에 가입해서 10년 동안 5000만원이 되려면 월 39만9500원, 같은 기간 국고채에 투자하면 월 39만500원이 드네요. 10년 동안 주식에 투자한다고 가정하면 월 23만6700원이 필요해요. 적금과 국고채는 별로 차이가 없다는 걸 알게 됐습니다. 주식은 적금이나 국고채보다 원금이 40% 정도 적게 드네요. 이 계산에 따르면 대학 학자금 5000만원을 마련하기 위해서 가장 유리한 투자처는 주식입니다.

이런 결과가 나온 건 적금과 채권 금리가 연 1% 안팎으로 매우 낮기 때문이지요. 주식은 상대적으로 높은 수익률로 계산했기 때문에 훨씬 적은 금액으로 목돈을 만들 수 있다는 결론을 얻었어요. 물론 주식시장은 변화가 커서 10년 동안 출렁거리면서 크게 올랐다가 확 떨어질 수도 있어요. 아무도 모르죠. 다만 우리나라 경제가, 그리고 한국의 기업이 계속 성장한다고 기대한다면 주식시장에 투자하는 것이 훨씬 큰 수익을 낼 수 있다는 것은 분명합니다.

> **+PLUS 용어**
>
> **코스피지수란?**
> 한국 주식시장에서 거래되는 여러기업의 주가를 평균해서 하나의 숫자로 표시한 것이에요.

투자기간은 길수록 유리해요

일찍 시작할수록
더 불어나는 목돈

앞에서 사례로 들었던 슬기 얘기를 읽어 보고 어떤 생각이 들었나요? 나중에 큰돈을 손에 넣으려면 푼돈이라도 틈틈이 모아두는 게 좋다고 느꼈을 겁니다. 하지만 어떤 방식으로 모으냐가 대단히 중요합니다. 돼지 저금통에 돈을 넣어두는 건 현명하지 않다는 것 정도는 여러분도 알게 됐을 거예요. 저금통에 들어간 돈은 10년이 지나도, 20년이 지나도 그대로 있겠지요. 자칫 이사하다가 저금통을 잃어버릴 수도 있습니다. 갖고 싶은 것이 있어서 고민하다가 저금통을 열어서 돈을 써버릴 수도 있겠지요.

이 책 앞에서 존 리 아저씨가 들려준 말이 기억납니까? '돈이 일을 하게 하라'고 했지요. 이 말은 '돈이 돈을 낳는다'는 뜻입니다. 돈이 황금알을 낳는 거위라도 된다는 말인가요? 맞아요, 비슷한 얘기예요. 돈을 은행과 같은 금융회사에 맡기면 이자가 붙어서 처음 넣었던 돈, 즉 원금보다 더 많은 돈을 돌려받을 수 있기 때문입니다.

이때 이자로 돈을 얼마나 더 받을 수 있는지를 알려주는 숫자가 금리예요. 금리는 우리가 은행에 처음 맡긴 돈에 붙는 이자의 비율이라고 앞에서 설명했어요. 숫자 뒤에 %라는 기호가 붙는 백분율로 표시합니다. 학교 수학 시간에 배웠을 거예요. 백분율은 전체를 100으로 봤을 때 차지하는 숫자랍니다. 가령 20%라고 하면 전체 100개 중에 20개

를 뜻하죠.

은행 금리는 대개 1년을 기준으로 표시해요. 금리가 15%라고 한다면 은행에 100만원을 맡겼다가 1년이 지나면 100만원의 15%인 15만원을 이자로 준다는 뜻입니다. 원금 100만원을 합쳐 115만원이 우리 손에 들어오는 거죠. 정말 돈이 돈을 낳는 것과 마찬가지죠?

72의 법칙

이렇게 이자로 돈이 불어나는 데에도 법칙이 있답니다. 참 머리 좋은 사람들 많죠? 여러분이 모두 알고 있는 천재 물리학자 알베르트 아인슈타인이 고안해 낸 건데요. '72의 법칙'이라는 겁니다.

이번엔 초등학교 5학년 한경이를 예로 들어 볼게요. 한경이가 갓난아기 때부터 매년 생일과 설날, 추석 같은 명절에 부모님과 할아버지, 할머니, 그리고 친척 어른들에게 받은 용돈을 모아보니 100만원이 됐어요. 한경이는 이 돈을 은행에 맡겨서 원금의 두 배인 200만원으로 불리고 싶은데, 시간이 얼마나 걸리는지 궁금해졌어요. 이처럼 처음 **맡긴 돈이 두 배가 되기까지 걸리는 시간을 간단하게 계산하도록 도와주는 것이 '72의 법칙'** 이랍니다.

이 계산에서 한 가지 필요한 건 100만원을 은행에 맡겼을 때 금리가 얼마가 되느냐예요. 예를 들어 한경이가 집 앞에 있는 은행에 갔더니 정기예금 금리가 1년에 6%라고 쓰여 있다고 가정해볼게요. 한경이가 오늘 정기예금에 100만원을 맡기면 1년 후에 얼마를 찾을 수 있을까요? 100만원의 6%는 6만원이니까 106만원이 되겠죠.

1년 뒤에 한경이는 은행에서 받은 106만원을 정기예금에 다시 맡긴다고 해볼게요. 금리는 처음과 같은 연 6%로 변하지 않는다고 하고요. 그럼 다시 1년 뒤, 그러니까 지금부터 2년 뒤에 은행에 가면 얼마를 받게 될까요? 106만원의 6%인 6만3600원이 이자로 붙을 겁니다. 그럼 맡긴 돈 106만원에 이자 6만3600원을 더한 112만3600원이 되네요. 처음에 맡긴 100만원이란 '거위'가 2년 만에 12만3600원이라는 '황금알'을 낳은 겁니다. 하지만 아직 한경이가 목표로 삼은 200만원이 되려면 시간이 더 필요해 보이죠. 여러 번 곱하기와 더하기를 해야 할 것 같네요.

금리가 두 배면 목돈 만드는 시간은 절반으로 '뚝'

이때 '72의 법칙'을 사용하면 간단하게 계산할 수 있답니다. 72를 금리로 나누면 처음 맡긴 돈이 두 배가 되기까지 걸리는 대략적인 기간이 나와요. 한경이가 찾아간 은행에서 1년 금리는 6%였죠. 그러면 72를 6으로 나누면 되겠네요. 네, 12가 나왔어요. 한경이가 오늘 이 은행에 100만원을 맡기면 12년 뒤에 200만원을 돌려받는다는 의미입니다. 열두 살인 한경이가 100만원을 200만원으로 만드는 데 12년이 걸린다고 생각하면 여러분 어떤 느낌이 드나요? 12년 후면 스물네 살이니까 한경이는 아마 대학생이거나 이미 대학을 졸업했을 겁니다. 너무 오래 걸리죠?

원금을 두 배로 만드는 기간을 더 줄이려면 어떻게 해야 할까요? 금리가 더 높은 곳에 돈을 맡기면 되겠죠. 예를 들어 한경이가 다른 은행을 알아보니 1년 정기예금 금리가 12%라는 곳이 있어요. 좀 전에 봤던 은행이 약속한 금리 6%의 두 배나 되네요. 자, 여기에 100만원을 맡겨 봅시다. 그럼 1년 뒤에 얼마가 될까요? 맞아요, 이자가 12만원이 붙으니 112만원이 되겠죠. 112만원을 다시 정기예금에 넣어서 1년 뒤에 찾으면 얼마일까요? 112만원의 12%인 13만4400원이 이자로 붙어서 한경이 손에는 112만원과 13만4400원을 더한 125만4400원이 들어올 겁니다.

이제 우리가 배운 '72의 법칙'을 써먹을 차례예요. 금리가 연 12%니까 72를 12로 나눠

점점 떨어지는 금리

봅시다. 답은 6이죠. 한경이는 6년 후면 200만원을 받게 될 거예요. 좀 전에 봤던 금리 6% 은행과 비교하면 어때요? 금리가 두 배가 되니까 200만원을 만드는 시간이 12년에서 6년으로, 딱 절반으로 줄었습니다.

점점 떨어지는 금리

이처럼 금리가 높을수록 돈을 불리는 시간이 줄어든답니다. 목돈을 만들기 위해선 이자가 많이 붙는, 즉 금리가 높은 곳에 투자해야 한다는 걸 알 수 있지요. 그런데 여러분이 오늘 이 책을 읽고 가까운 은행에 한번 가보세요. 인터넷으로 은행 예금금리를 검색해봐도 됩니다. 대부분의 은행이 1년 정기예금에 매기는 금리는 1%를 겨우 웃도는 수준일 거예요. 1년 금리가 1%라고 가정하면 한경이가 맡긴 100만원이 200만원이 되려면 몇 년이 필요할까요? 이제 쉽게 계산할 수 있겠죠? 72를 1로 나누면 그대로 72네요. 세상에, 72년이라니. 한경이가 꼬부랑 할머니가 돼야 200만원이 손에 들어오는 셈입니다.

금리는 돈에 매겨지는 가치라고 앞에서 잠깐 설명했습니다. 돈을 빌려 가려는 사람이 많을수록 돈이 귀해지고, 덩달아 돈의 가치가 올라가죠. 그럼 이자율, 즉 금리도 높아진답니다. 반대로 돈이 흔해지고, 돈을 빌려 쓰려는 사람이 줄어들면 금리도 떨어져요. 지금 한국을 비롯한 대부분의 나라에서 금리는 여러 해에 걸쳐서 낮아지는 추세입니다. 사람들 주머니에 돈이 많이 들어가 있는 탓도 있고, 공장이나 도로 건설처럼 큰돈이 필요한 사업이 줄어들면서 돈을 빌리려는 사람이 예전만 못한 이유도 있어요.

실망하진 마세요. 이 책을 읽는 여러분은 아직 어리니까요. 투자자로 유명한 사람 중 한 명인 워런 버핏을 알고 있죠? 2021년 6월 기준으로 재산이 120조원이 넘는 갑부예요. 세계에서 여섯 번째 부자인 버핏은 올해 91세인 할아버지입니다. 모든 것을 가진 버핏이지만 한경이가 더 유리한 게 한 가지 있어요. 한경이는 앞으로 투자할 시간이 버핏 할아버지보다 더 많이 남아있다는 것이랍니다. '72의 법칙'에서 봤듯이 돈이 불어나는 데는 상당한 시간이 필요해요. 다시 말해서 조금이라도 더 일찍 투자를 시작하는 것이 유리하다는 말이죠.

투자는 일찍 시작할수록 유리해요

몇 살에 투자를 시작하느냐에 따라서 나중에 손에 쥐게 되는 목돈이 얼마나 달라지는지 한번 계산해 볼게요. 은행 금리는 너무

+PLUS 용어

기준금리란?
한국은행이 정해주는 우리나라 대표 금리예요. 여기에 맞춰서 각 은행들이 예금이나 대출금리를 조정해요.

낮으니까 우리는 주식에 투자한다고 가정해 봅시다. 앞에서 봤듯이 주식은 가격이 많이 올랐다가, 또 크게 떨어질 수도 있어요. 여기서도 마찬가지로 우리나라 주식시장을 대표하는 지수인 코스피지수가 과거에 움직였던 평균치를 써볼게요. 코스피지수는 지난 20년 동안 매년 평균 10.31%씩 올랐어요. 물론 항상 이렇게 움직이는 것은 아니지만 계산을 간단하게 하기 위해서 앞으로도 이 정도 오른다고 가정합시다. 우리가 여기서 알아보려는 것은 얼마의 수익을 내느냐보다는 투자를 시작한 시점에 따라서 결과가 어떻게 달라지느냐니까요.

목표 시점은 한경이가 60세가 되는 때입니다. 주식에 투자하는 금액은 매월 10만원으로 할게요. 투자해서 수익이 나면, 즉 돈이 붙으면 그 돈도 다시 주식에 투자하는 식이에요. 위에서 봤던 은행 정기예금에 매년 붙은 이자를 다시 투자하는 것과 같은 방식입니다. 이번에도 NH투자증권 전문가들이 계산해봤어요.

한경이가 열 살 때부터 주식에 투자했다고

생각해볼게요. 한경이가 50년 동안, 즉 600개월(50년×12개월)에 걸쳐서 매월 10만원씩 투자하면 60세가 될 때 19억5765만원을 받게 돼요. 거의 20억원에 가까운 돈이에요. 너무 큰 돈이라 얼떨떨한가요? 각종 통계를 내는 정부기관인 통계청 자료를 보면 2021년 3월 기준으로 서울의 아파트 평균 가격은 10억9993만원입니다. 거의 아파트 두 채를 살 수 있는 돈이네요. 물론 50년 후니까 그때는 아파트값이 지금과는 다르겠지만요. 이번엔 한경이가 열다섯 살에 투자를 시작한 경우예요. 월 10만원씩 540개월(45년×12개월) 동안 주식을 사면 60세가 돼서 11억6730만원이 손에 들어온다는 계산이 나와요. 먼저 봤던 사례보다 불과 5년 늦게 투자를 시작했는데 7억9035만원이나 줄었습니다. 서울 아파트 한 채 값에 가까운 돈이 날아가버렸네요.

마지막으로 한경이가 투자를 계속 미루다가 대학생이 된 스무 살에야 주식을 사기 시작했다고 해볼까요. 투자 시기는 40년으로 줄었어요. 480개월(40년×12개월) 동안 매월 10만원씩 주식을 사모아서 60세가 되면 6억9414만원이 주머니에 들어옵니다. 열다섯 살에 시작한 경우에 비하면 4억7316만원 또

줄어들었네요.

투자를 시작한 시점이 각각 5년 차이로 크지 않은데 60세가 돼서 손에 쥐는 목돈은 아주 많이 다르다는 걸 알 수 있죠? 첫 투자가 열 살일 때와 스무 살일 때를 비교하면 그 결과치는 거의 세 배 차이가 나니까요. 주식에 투자할지, 은행 예금상품에 가입할지, 또 주식의 경우 얼마나 수익이 날지, 은행 금리는 몇%인지에 따라서 이 계산의 결과는 모두 다를 수 있답니다. 하지만 한 가지는 분명하게 알 수 있어요. ==일찍 시작할수록, 즉 오래 투자할수록 더 큰 목돈을 만들 수 있다는 거예요.== 몇 년 미루다 보면 나중에 손에 쥐는 돈이 크게 차이가 난다는 것도 알 수 있고요. 나중에 부자가 되고 싶으면 앞으로는 부모님께 장난감 사달라고 조를 게 아니라 투자 상품에 가입하자고 먼저 말씀드려보는 게 어떨까요?

슬기로운 주식생활 2단계

주식이 뭐예요?

투자의 큰 개념이 잡혔으니 이제 다음 단계로 들어가 봅시다. 말로만 듣던 주식 투자는 무엇이고 주식시장은 어떻게 움직이는지 알아볼 차례예요. 너무 어렵고 때로는 막연하게 무섭다고만 생각했던 주식이 실제로는 그렇지 않다는 것을 알 수 있을 거예요. 이번 단계를 거치고 나면 여러분의 주식 아이큐는 훌쩍 올라가 있을 겁니다. 자신감을 갖고 페이지를 넘겨 보세요.

주식 투자를 알아 볼까요

주식을 사면
그 회사의 주인이 돼요

앞서 10년 뒤 5000만원 만들기 프로젝트를 통해 은행 상품보다 주식에 투자하는 것이 더 유리하다는 걸 확인했을 거예요. 여기서 '투자'라는 말을 생각해볼까요? 투자는 지금 가진 돈을 미래의 이익을 기대하고 미리 맡겨두는 행동이에요. 그런데 투자는 사람들이 은행에 돈을 맡기는 저축이나 예금과 조금 다르답니다.

예를 들어 세뱃돈 또는 용돈으로 받은 1만원을 은행에 맡기면 나중에 은행은 원래 맡겨둔 1만원에 이자를 조금 붙여서 돌려줄 거예요. 이에 비해 투자는 잘만 하면 은행 이자보다 많은 돈을 돌려받을 수 있다는 장점이 있어요. 그 대신 은행에 저축하면 최소한 원래 맡겨둔 1만원 이상을 거의 확실하게 돌려받을 수 있지만 투자는 자칫하면 손해를 볼 수도 있어요. 투자에는 위험이 따르기 때문이에요. ==저축보다 투자를 하면 더 많은 돈을 돌려받을 수 있는 것도 이런 위험을 떠안았기 때문이랍니다.==

여러분이 A라는 회사의 주식을 샀다면 어떤 위험을 생각해볼 수 있을까요? A 회사가 망하는 것이겠죠. A 회사가 생각만큼 장사가 잘 안돼서 문을 닫아버리면 여러분이 투자한 A 회사 주식은 한낱 종잇조각에 지나지 않게 된답니다. 반면 처음 기대한 대로 A 회사가 장사를 잘해서 돈을 잘 벌면 A 회사의 주식 가격도 올라서 여러분은 은행 이자보다 훨씬

《황금알을 낳는 거위》 1919년 에디션. 밀로 윈터 작품

황금알을 낳는 거위는 지나친 욕심 때문에 오히려 손해를 보는 경우에 사용하는 관용구예요. 이솝 우화에서 비롯됐어요.

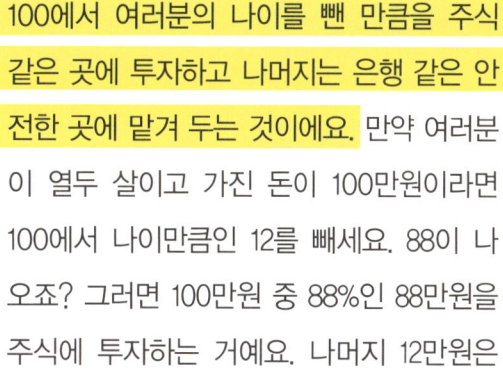

==100에서 여러분의 나이를 뺀 만큼을 주식 같은 곳에 투자하고 나머지는 은행 같은 안전한 곳에 맡겨 두는 것이에요.== 만약 여러분이 열두 살이고 가진 돈이 100만원이라면 100에서 나이만큼인 12를 빼세요. 88이 나오죠? 그러면 100만원 중 88%인 88만원을 주식에 투자하는 거예요. 나머지 12만원은 은행 예금 같은 안전한 금융상품에 맡겨두는 식이랍니다.

이렇게 하는 이유는 앞 장에서 봤듯이 나이가 어릴수록 투자할 시간이 길어져서 주식과 같은 위험 상품에 투자하기가 좋기 때문이에요. 10대 청소년과 80대 노인 중 누가 더 인내심을 갖고 오래 투자하기가 쉬울까요? 남아 있는 시간이 많은 청소년이 훨씬 유리하겠죠. 투자는 평생에 걸쳐서 하는 거랍니다. 따라서 '100-나이'가 알려주는 숫자는 여러분이 나이가 들면서 함께 변할 거예요. 가령 50세가 되면 주식과 예금의 비중이 정확히 반반이 되겠죠. 그러다 60세가 되면 주식 비중은 40%로 줄어들고 은행 상품 비중이 60%로 올라가는 거죠. 특히 은퇴 후에는 소득이 크게 줄거나 아예 없을 수도 있기 때문에 주식같이 가격 변화가 큰 상품은 특히 조심해야 한답니다.

더 많은 이익을 얻을 수 있을 거예요.

이런 투자를 하는 사람을 투자자라고 불러요. 투자할 때는 충분한 시간 동안 인내심을 갖고 기다릴 줄 알아야 해요. 짧은 시간에 큰 이득을 보려고 하는 사람은 좋은 투자자가 될 수 없어요. 이 점을 꼭 유의해야 해요.

주식 투자에는 몇 가지 요령이 있어요. 그 첫 번째가 '100-나이'의 원칙이에요. 이는

'나이의 공식'으로 주식과 예금 비중을 나눠 볼까요?

이번엔 긴 시간에 걸쳐 은행 예금에 돈을 맡겼을 경우와 주식에 투자했을 경우 어떤 차이가 나는지 한번 비교해봅시다. 위험을 떠안고 주식을 샀을 때와 안전한 예금에 돈을 맡겼을 때 결과가 어떻게 달라지는지 알아볼게요.

여러분이 20년 전에 주식 투자를 시작했다고 가정합시다. 평균적인 성적을 따져보기 위해 개별 주식을 사는 게 아니라 주식 시장과 똑같이 움직이는 주식 상품을 샀다고 생각해볼게요. 다시 말해 코스피지수가 오르내릴 때 함께 움직이는 주식을 생각하면 돼요. 20년 전 이런 주식을 1000만원 규모로 샀다면 2021년 6월엔 약 5250만원이 돼 있을 거예요. 원금의 다섯 배 이상으로 늘어났네요.

이번엔 은행 예금이에요. 정기예금 금리는 매년 마지막 날 금리를 적용해볼게요. 2000년 말 연 7%를 넘겼던 은행 정기예금 금리는 이듬해 연 4%대로 떨어졌어요. 10년 이상 연 3% 안팎에서 움직이던 금리가 2019년엔 연 1%대까지 하락했군요. 2001년 6월에 1000만원을 정기예금에 맡겼다고 치면 2021년 6월 여러분 손에 들어오는 돈은 약 1900만원이에요. 원금의 두 배가 조금 안 되는 돈이네요.

20년 전 주식에 투자했다면 지금 5250만원, 은행에 맡겼다면 1900만원을 손에 쥐게 된다는 계산이 나왔어요. 주식에 투자했을 때 더 많은 돈을 얻게 되는 이유는 위에서 말한

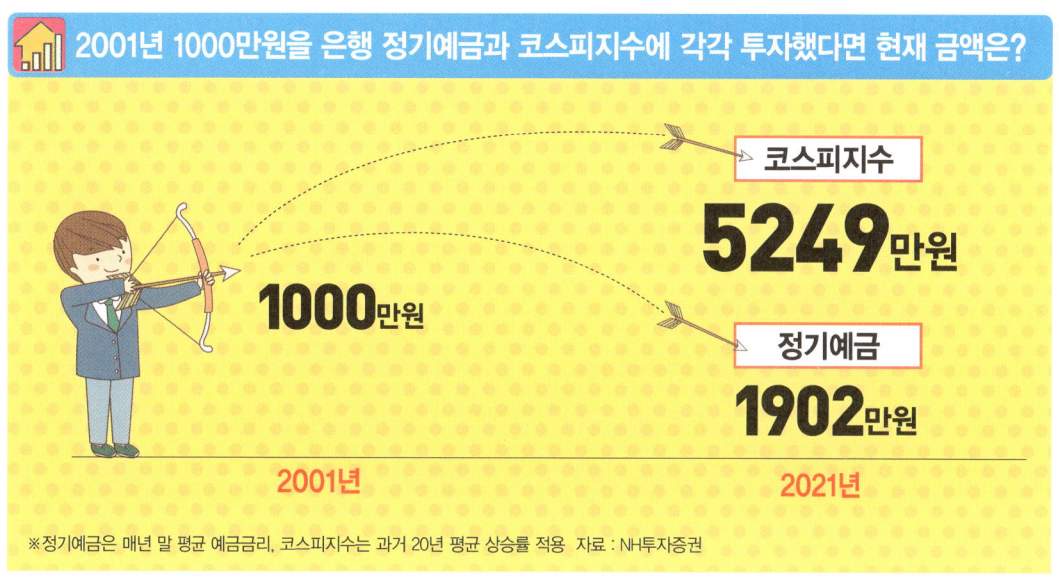

※정기예금은 매년 말 평균 예금금리, 코스피지수는 과거 20년 평균 상승률 적용 자료 : NH투자증권

대로 위험을 떠안았기 때문이에요. 물론 주식은 올해 가격이 올랐다가도 내년에 다시 떨어질 수 있어요. 하지만 이런 비교가 가능한 건 투자 기간을 20년으로 길게 잡은 덕분이랍니다. <mark>긴 시간으로 보면 좋은 회사의 주가는 오를 가능성이 높아요.</mark> 그렇다고 은행 예금이 나쁜 건 아닙니다. 위험을 최소화하면서 안정적인 수익을 얻는 장점이 있죠. 다만 금리가 점점 하락하고 있어서 손에 쥐는 이자가 크지 않지만요.

주식에도 복리의 마술이 있어요

'수리수리 마수리~' 여러분에게 재미있는 마술을 보여줄게요. 주식 하다 보면 마술을 볼 수 있어요. 주식에는 '복리의 마법'이 있기 때문이죠.

마술을 보기 전에 먼저 복리에 대해 알아볼까요? 은행에 가서 예·적금 상품에 가입하려면 단리이자와 복리이자라는 말을 들을 거예요. 단리는 원금에 대한 이자만 계산하고, 복리는 원금에 대한 이자와 그 이자에 원금을 더한 값을 말하는데요.

예를 들어 월 5만원짜리 적금을 연 5% 금리로 가입한다고 가정하면 단리로 했을 때 10년 뒤 751만2500원을 받게 돼요. 반면 복리로 계산하면 779만6464원이 돼요. 별로 차이 나지 않는 것 같아도 기간이 길수록, 맡기는 돈이 많을수록 차이는 더 커지게 된답니다.

복리의 마법을 말할 때 흔히 은행 예금과 적금을 떠올리지만 주식도 마찬가지랍니다. 주가는 복리의 원리로 움직인다고 해도 과언이 아니에요. 가령 1만원짜리 주식을 사서 첫날 가격이 3% 올랐다면 다음날에는 1만원의 3%인 300원 오른 1만300원부터 거래가 시작돼요. 여기서 또 3%가 오르면 300원이 아니라 1만300원의 3%인 309원 올라 1만609원이 되는 거예요. 즉 수익이 계속해서 재투자되는 거랍니다. 이익이 원금에 보태져 다시 오르기 때문이죠.

주식은 올라가고 내려가길 반복하기 때문에 충분한 시간을 두고 지켜봐야 해요. 특히 ==주식 투자를 통해 복리의 마법을 제대로 보려면 참고 기다리는 지혜가 필요해요.== 복리의 마법에 대한 더 자세한 설명은 이 책 뒷부분에 다시 나오니 여기선 이 정도만 알고 지나가요.

주가는 오르내림을 되풀이하지만 길게 보면 꾸준히 올라요

여러분이 시험을 볼 때마다 점수가 항상 같지는 않죠? 공부를 열심히 한 날은 100점을 맞기도 하고, 몸이 좀 안 좋거나 어려운 문제가 나오면 점수가 떨어지기도 하죠. 주가도 마찬가지예요. 회사 상태에 따라 주가가 오르기도 하고 내리기도 해요. 회사가 돈을 잘 벌더라도 우리나라 경제 전체가 좋지 않으면 주가가 하락하는 경우도 있어요. 마치 놀이공원의 롤러코스터처럼 주가도 올라갔다 내려갔다 하기 때문에 어떤 사람은 주식 투자를 롤러코스터 타는 것과 비교하기도 해요.

1만원짜리 주식을 사서 이틀 연속 가격이 3% 오르면?

1만609원

3%(300원) 3%(309원)

1만원 — 1만300원 — 1만609원
1일 — 2일 — 3일

그런데 꾸준히 돈을 잘 버는 회사의 경우 하루하루를 볼 때는 주가가 오르락내리락하지만 어느 정도 시간이 지나면 결국 시작할 때보다 올라 있는 것을 볼 수 있어요. 이걸 그래프로 보면 오른쪽으로 조금씩 올라가는 모습이 보여요. 그래서 오른쪽 우(右) 자를 써서 '주가가 우상향한다'고 말해요. 여기서 기억해야 할 점은 좋은 회사일수록 시간이 지나면 주가가 올라가니 하루하루 가격에 너무 마음 쓰지 말고 꾸준히 기다리라는 교훈이에요.

오래 투자 할수록 높은 이익 기대

주식 투자를 시작하기로 마음먹었다면 앞으로 어떻게 될지 한번 상상해볼까요. 기간은 10년으로 합시다. 주식에 투자할 돈은 1000만원이에요. 당장 주머니에 없더라도 머릿속에 그려만 보기로 해요. 수익률은 매년 평균적으로 5% 정도 기록한다고 가정해요. 그리고 한 해에 번 수익은 다시 투자금으로 써서 위에서 배운 복리의 마법을 써봅시다. 첫해 1000만원을 투자해서 5% 수익이 나면 1050만원이 되죠. 그럼 다음해 투자 원금은 1050만원이 되는 거예요. 이걸 투자해서 다시 5% 수익이 나면 1102만5000원이 돼요. 이런 식으로 10년을 되풀이하면 1628만8946원이라는 계산이 나오네요. 주식에 투자해서 항상 안정적인 수익을 낼 수 있는 건 아니에요. 하지만 ==좋은 기업에 오랫동안 투자하면 높은 이익을 올릴 수 있다는 것은 지금까지 여러 차례 확인된 교훈이랍니다.== 그래서 어렸을 때부터 투자에 대해 공부하고 경험해보는 것이 중요하죠. 투자 공부는 각종 경제 상식도 알아야 해서 여러분이 수학, 경제 등 다른 과목을 배우는 데도 도움이 될 거예요.

주식 시장 들여다보기

주식 가격은 누가, 어떻게 정하죠?

주식에 투자하려면 주식 시장이 어떻게 돌아가는지 먼저 알아야 해요. 주식 가격은 어떤 과정을 거쳐서 결정되고, 사고파는 건 어떤 방식으로 이뤄지는지 기본적인 지식을 알고 투자를 시작해야 한답니다. 이번 장에서는 주식 시장에 발을 들여놓기 전 알아야 할 점을 살펴봅시다.

5만원짜리 주식은 5000원짜리보다 비싼거죠?

주식을 처음 접하는 사람들은 주식의 가격, 즉 주가만 볼 때가 많아요. 가령 A 주식은 2000원인데 B 주식은 1만원이면 B 주식이 당연히 더 비싸다고 생각하죠.

두 회사의 주식 가격을 비교할 때는 한 주에 얼마인지를 보는 게 아니라 그 주식 전체의 가치를 따져봐야 해요. 가령 한 주에 5000원짜리 주식을 100주 찍어낸 회사가 있어요. 시장에 돌아다니는 이 회사의 주식은 모두 100주라는 얘기예요. 이 회사의 전

 **알아두세요**

주가×발행주식수=시가총액

예시)
5,000 (주가) × 100 (발행주식수)
=50만원 (시가총액)

체 가격은 얼마일까요. 5000원에 100을 곱한 50만원이 이 회사가 시장에서 평가받고 있는 가치예요.

이번엔 한 주에 5만원인 주식 10주를 찍어낸 회사가 있다고 가정해봐요. 시장에 돌아다니는 주식 수가 훨씬 적죠. 이 회사의 전체 가치는 5만원에 10을 곱한 50만원이에요. 앞서 예로 들었던 회사와 기업가치가 같네요. 이처럼 <mark>시장에서 평가받은 그 회사의 전체 가치를 시가총액이라고 해요.</mark> 한 주에 얼마인지만 보면 5000원짜리 주식보다 5만원짜리 주식이 더 비싸 보이지만 회사 전체 가치를 계산하면 두 회사의 가치가 같다는 걸 알 수 있어요. 하루에 1인분 5000원짜리 잔치국수 100그릇을 파는 식당과 1인분에 5만원짜리 탕수육 10그릇 파는 식당의 하루 매출이 50만원으로 똑같은 것과 같은 원리예요.

주식의 기본 가격 '액면가'

모든 주식에는 액면가라는 게 있어요. 기본 가격이라고 생각하면 쉬워요. 주식 액면가는 주식을 보유한 주주들이 결정해요. 주주들이 모이는 주주총회에서 액면가를 100원, 200원, 500원, 1000원, 2500원, 5000원 중 하나로 정할 수 있어요. 주식 한 주에 얼마인지를 정하는 거죠.

주식은 처음에는 액면가로 발행하지만 시장

에 나오는 즉시 시장가격이 형성된답니다. 기업이 더 좋아질 것으로 생각되면 액면가보다 가격이 더 올라가겠죠. 시장에서 형성되는 가격을 시가라고 해요. 비슷한 용어로 '공모가'가 있어요. 이건 주식을 여러 사람에게 공개적으로 팔 때 시장에서 처음 결정되는 가격이에요.

예를 들어볼게요. 인기 아이돌그룹의 '굿즈'를 누군가 팬 카페에 1000원에 팔려고 내놨어요. 처음 내놓은 가격이 바로 액면가예요. 그런데 내놓자마자 팬들이 서로 사겠다고 달려들어서 첫 거래 가격이 1만원이 됐어요. 처음 형성된 1만원이 공모가예요. 그런데 아이돌그룹이 미국에 가서 공연도 하고 인기가 아주 많아졌어요. 그래서 그 굿즈가 지금은 10만원에 거래돼요. 이게 시장가격, 즉 주가라고 불리는 거죠.

하지만 세월이 흘러서 아이돌그룹이 해체하거나 인기가 떨어지면 굿즈 가격 역시 하락하겠죠? 그래서 원래 내놨던 1000원보다 값이 낮아지면 액면가보다 주식가치가 떨어졌다고 표현하는 거예요.

주문은 어떻게 하나요?

이제 실전으로 들어가 볼까요. 주식을 사려면 먼저 증권회사에 가서 증권계좌를 개설해야 해요. 아직 주민등록증이 나오지 않은 미성년자는 엄마나 아빠와 함께 가야 해요. 증권계좌는 주식에 투자하기 위한 돈을 넣어두는 통장이에요. 이 계좌에 들어 있는 돈만큼 주식을 살 수 있어요. 주식을 더 사고 싶으면 증권계좌에 돈을 더 넣으면 돼요. 또 주식을 샀다가 팔고 나면 다시 증권계좌로 돈이 들어와요. 증권계좌에 남아 있는 돈은 언제든지 증권회사에 가서 찾을 수 있어요. 증권계좌를 만들었다면 여러분이 먼저 할 일은 투자할 종목(회사)을 고르는 거예요. 요즘에는 스마트폰의 증권 앱을 통해 주문할 수 있어요. 어떤 방법을 이용하든지 주식을 사고팔 때는 주식의 종목명과 수량, 거래 방법을 표시해야 해요.

종목명이란 주식의 이름을 말해요. 주식의 이름은 보통 그 주식을 발행한 회사의 이름

알아두세요

코스피와 코스닥시장

우리나라 주식시장은 두 가지로 나뉘어져 있어요. 코스피(유가증권) 시장에는 삼성전자, 현대차 같은 큰 회사가 주로 있고, 코스닥 시장에는 중소기업이나 벤처회사가 많답니다.

을 따른답니다. 여러분의 이름과 마찬가지예요. 종목코드는 주식마다 증권거래소에 등록된 번호를 말해요. 주민등록번호처럼 주식에도 고유의 번호가 있어요.

주문 종류는 주식을 살 것인지 팔 것인지 표시하는 것을 말해요. 사는 것을 매수, 파는 것을 매도라고 해요. 만약에 주식을 사려고 주문하면서 매도라고 잘못 표시하면 큰 낭패를 볼 테니 조심하세요. 거래 수량은 몇 주를 살 것인지 혹은 팔 것인지를 표시해요. 가격은 얼마에 사거나 팔 것인지를 나타내요. 만약에 매수가격을 5000원이라고 표시한다면 아주 많이 쳐주더라도 5000원에 사겠다는 뜻이에요. 그러니까 5000원보다 비싸면 사지 않겠다는 것이죠. 반대로 매도가격을 5000원으로 표시한다면 적어도 5000원은 받아야 팔겠다는 것을 뜻해요. 5000원보다 싼값에는 팔지 않겠다는 거죠.

이렇게 주문한다고 해서 모든 주문이 원하는 대로 즉시 거래되는 것은 아니에요. 내가 제시한 조건에 만족하는 상대방이 나타나야 거래가 이뤄지거든요. 중고거래도 서로 가격이 맞아야 하는 거잖아요? 마찬가지로 보면 돼요. 만약 1000원에 사겠다고 주문했는데 팔려는 사람 중 1000원 이하에 팔겠다고 하는 사람이

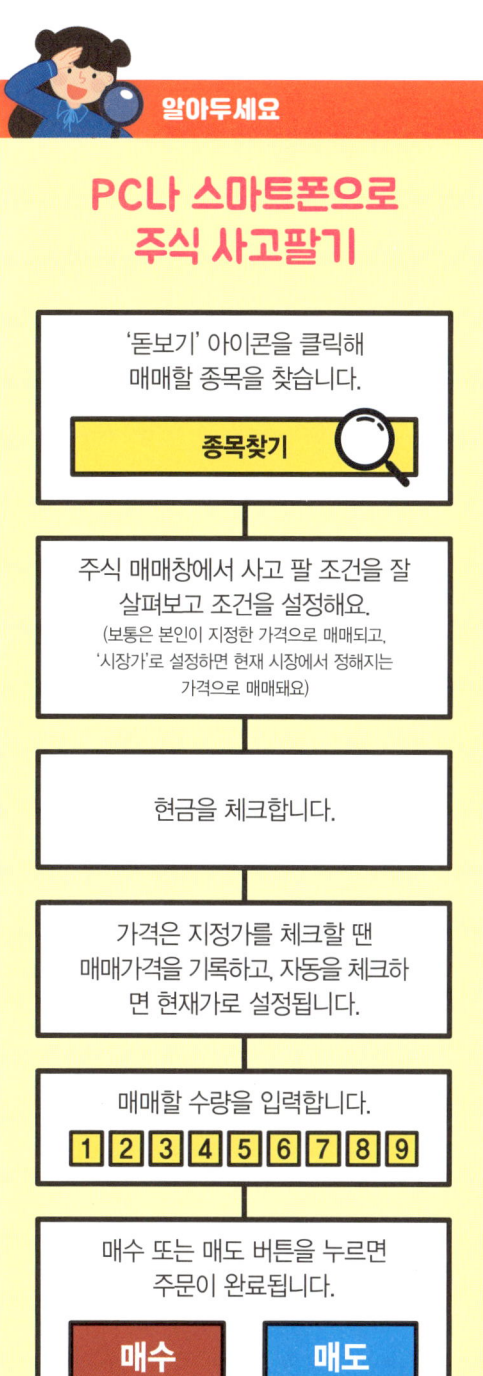

알아두세요

PC나 스마트폰으로 주식 사고팔기

'돋보기' 아이콘을 클릭해 매매할 종목을 찾습니다.

종목찾기

↓

주식 매매창에서 사고 팔 조건을 잘 살펴보고 조건을 설정해요.
(보통은 본인이 지정한 가격으로 매매되고, '시장가'로 설정하면 현재 시장에서 정해지는 가격으로 매매돼요)

↓

현금을 체크합니다.

↓

가격은 지정가를 체크할 땐 매매가격을 기록하고, 자동을 체크하면 현재가로 설정됩니다.

↓

매매할 수량을 입력합니다.
1 2 3 4 5 6 7 8 9

↓

매수 또는 매도 버튼을 누르면 주문이 완료됩니다.

매수 **매도**

없다면 주식을 살 수 없어요. 이렇게 거래가 마무리되지 않은 주문은 다음 날이 되면 자동으로 취소돼서 없어져요. 그러니까 오늘 사거나 팔려고 주문했던 주식 거래가 끝나지 않으면 다음에 다시 주문해야 하는 거죠.

홈쇼핑 또는 인터넷으로 구매한 물건을 사면 며칠 뒤에 집으로 배송되죠? 우리가 산 주식은 집으로 배송되지 않아요. 사람들이 아무리 많은 주식을 산다고 하더라도 직접 주식을 만져볼 수는 없어요. 내가 산 주식인데 왜 내가 가질 수 없는 걸까요. 예전에 회사가 작아서 주식을 많이 발행하지 않았을 때는 주식을 산 사람이 직접 주식을 가지고 있었어요.

하지만 회사가 커지고 주식 수가 엄청나게 늘어난 뒤부터는 주식을 산 사람에게 직접 나눠주지 않아요. 한국예탁결제원이라는 곳에 대신 보관하고 투자자의 증권계좌에 보유한 주식을 기록해 준답니다. 사고파는 사람들 사이에 주식이 왔다 갔다 하면서 잃어버리는 것을 막기 위해서죠.

자, 이제 주식을 샀어요. 드디어 주식에 투자한 거예요. 주식에 투자해서 돈을 벌 방법은 크게 두 가지예요. 하나는 우리가 산 주식회사의 이익을 나눠 갖는 거죠. 이걸 배당이라고 해요. 이때 주주들이 받는 돈을 배당금이라고 합니다. 회사가 경영을 잘해서 벌어들인 이익이 많아질수록 주주가 받게 되

이것만은 꼭!

주식 거래할 때 주의할 점

- 주식을 팔면 2거래일 뒤에(월요일에 팔면 수요일에) 통장으로 현금이 들어와요

- 증권사에 따라 차이는 있지만 사고팔 때 원금에 대해 각각 평균적으로 0.015%의 증권수수료가 붙어요

- 주식을 팔 때는 매도 금액의 0.25%를 세금으로 내요

- HTS(홈트레이딩시스템), MTS(모바일트레이딩시스템)로 거래하면 수수료가 줄어들어요

는 배당금도 많아져요. 또 하나는 우리가 산 주식의 가격이 오를 때입니다. 10만원을 주고 산 주식을 나중에 15만원이 돼서 팔면 5만원의 이익을 남길 수 있어요.

1만원짜리 주식이 한 달 만에 1만2000원이 됐어요

부모님의 조언을 바탕으로 친구들과 상의한 끝에 A 회사 주식을 1만원에 10주 샀다고 가정해볼게요. 원금 10만원을 투자한 거죠. 이 회사가 미국에 수출하는 제품이 내년부터 더 늘어날 것이란 소식이 뉴스에 나오더니 한 달 만에 주가가 1만2000원이 됐어요. 수익률을 계산해볼까요? 오른 금액 2000원

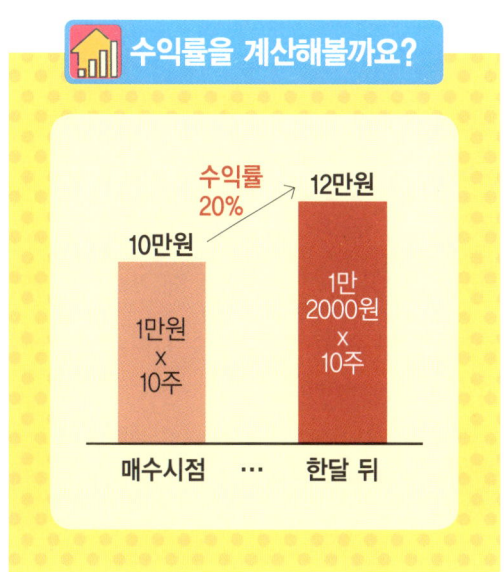

은 처음 샀던 가격 1만원의 20%네요. **투자 수익률이 20%예요.** 다만 아직 주식을 팔아서 올린 수익이 아니기 때문에 평가수익률이라고 한답니다. 시장에서 평가된 가격으로 계산했다는 뜻이에요. 만약 1만2000원에 주식 10주를 모두 팔면 20%의 수익을 실제 손에 쥐게 되겠죠. 이걸 실현수익률이라고 불러요.

이번엔 은행 이자율처럼 계산해볼까요. 은행 금리는 1년이 기준이죠. 사례로 든 A 주식은 한 달 만에 20% 수익을 올렸어요. 연간(12개월) 기준으로 계산하려면 12를 곱해야겠죠. 무려 240%라는 엄청난 수익률이 나오네요.

시장의 평균 가격 '주가지수'

주식 시장을 보면 제일 먼저 보이는 숫자가 코스피지수일 거예요. 다른 말로 종합주가지수라고 한답니다. 우리나라 주식 시장의 평균 가격을 지수로 나타낸 거예요.

위에서 봤던 시가총액을 사용해 이 지수를 구한답니다. 1980년 1월 4일 한국 증시에 있던 기업의 시가총액을 100으로 정하고 이를 기준으로 삼아 현재 시점의 시가총액으로 코스피지수를 계산해요.

알아두세요

종합주가지수란?

코스피 지수를 의미해요. 증권시장에서 1980년 1월 4일을 기준시점으로 주가기준을 100으로 계산해 지수를 표현해요.

(비교시점의 시가총액÷기준시점의 시가총액) ×100

코스닥종합지수란?

코스닥종합지수는 1996년 7월 1일 당시에 기준지수를 100으로 했으나 이후 2004년 1월 26일부터 1000으로 상향 조정해 계산하고 있어요.

(비교시점의 시가총액÷기준시점의 시가총액) ×1000

자세히 보면 우리나라 주식 시장은 코스피시장과 코스닥시장으로 나뉘어 있어요. 코스피시장은 상대적으로 더 큰 기업들이 거래되는 곳이고, 코스닥시장엔 중소기업과 벤처기업이 많아요. 코스피지수는 유가증권시장을 보여주는 수치예요. 코스닥시장은 코스닥지수라는 별도의 지수가 있어요. 코스닥지수의 기준 시점은 1996년 7월 1일이에요. 이때를 100으로 정해서 지수를 계산하다가 2004년 1월 26일부터는 1000으로 기준을 바꿔서 산출해요.

코스피지수는 한국 주식시장 전체의 주가 움직임을 보여주는 지표라고 할 수 있어요. 한국 증시의 대표 지수죠. 어떤 회사가 코스피시장에 등록돼서 거래되려면 매우 까다로운 조건을 통과해야 해요.

==코스피시장과 코스닥시장의 가장 큰 차이점은 상장된 기업의 규모예요.== 코스피시장엔 1, 2차 산업 및 중공업 계열 기업이 대부분 상장돼 있어요. 매출 규모가 비교적 큰 기업들이죠. 예를 들어 동네에서 볼 수 있는 대형마트와 백화점이 그런 기업들이죠. 큰 회사고 거래가 활발해 비교적 안전한 투자 종목이에요. 그 대신 주가 움직임은 코스닥시장 종목들보다 덜하답니다.

반면 코스닥시장은 비교적 규모가 작은 중소 및 벤처기업 등 미래 산업 위주의 기업이 주로 상장돼 있답니다. 기술력이 뛰어나고 성장 가능성이 크지만 아직 규모가 작아서 돈을 쉽게 빌리지 못하는 기업들이 투자금을 모으기 위해 코스닥시장으로 진출하는 사례가 많아요. 코스피시장에 비해 주가의 오르내림이 심할 수 있어서 기업을 잘 분석하고 투자해야 한답니다.

시가와 종가, 상한가와 하한가

우리나라 증시는 오전 9시 시작해 오후 3시

30분에 거래를 마쳐요. 9시에 주식 시장이 문을 열 때 처음 거래되는 가격을 시작가격, 줄여서 시가라고 해요. 오후 3시30분 문을 닫을 때 마지막으로 거래된 가격을 종료가격, 줄여서 종가라고 하고요. 가령 2021년 7월 5일(월요일) 삼성전자 주가를 보면 8만100원에 거래를 시작해서 8만400원에 마감했어요. 시가는 8만100원, 종가는 8만400원이죠. 그런데 조심할 게 있어요. 300원 오른 것 같지만 실제 주가 자료를 보면 400원 올랐다고 표시돼 있어요. 그날 주가가 얼마나 올랐는지는 그 전날 종가와 비교해요. 주말엔 증시가 쉬니까 직전일이 7월 2일(금요일)이네요. 직전에 거래됐던 7월 2일 종가가 8만원이었기 때문이에요. 7월 2일엔 8만원에 거래가 끝났지만 7월 5일 문을 열자마자 시가가 100원 뛴 8만100원으로 결정된 거예요. 시가에 오른 100원을 포함해 이날 삼성전자는 400원 올랐네요.

주식을 사고팔 때 부르는 가격을

알아두세요

캔들 차트 알아보기

주식을 볼 때 막대기 형태의 그래프를 본 적 있나요? 이것을 캔들 또는 봉이라고 불러요. 이 봉의 색깔이 빨간색이면 그날의 주가가 올라간 것이고 파란색이면 내려갔다는 의미예요.

+ PLUS 용어

저가 당일에 체결된 거래 중 가장 싼 가격

고가 당일에 체결된 거래 중 가장 비싼 가격

시가 장 시작 동시호가에서 결정된 가격

종가 장 마감 동시호가에서 결정된 가격으로 다음날 시가의 기준이 되는 가격

양봉 빨간색으로 표시. 주가가 오른 날 빨간 네모의 윗부분이 종가로 시가보다 종가가 올랐을 경우 발생. 상승 시 네모난 막대의 길이가 위로 점점 길어집니다.

음봉 파란색으로 표시. 주가가 내린 날 파랑 네모의 아랫부분이 종가로 시가보다 종가가 떨어졌을 경우 발생. 하락 시 네모난 막대가 아래로 점점 길어져요.

윗꼬리 상승 시 빨간 봉이 점점 길어지다가 매도 물량이 나오게 되면 봉의 길이가 짧아지면서 작대기만 길쭉하게 남게 됩니다. 꼬리의 맨 윗부분이 당일의 고가를 의미해요.

아래꼬리 하락 시 파란 봉이 아래쪽으로 길어지는데 어떤 시점에서 매수 요청으로 다시 주가가 올라가게 된다면 아래쪽에 길쭉한 선만 남게 되고 이를 아래꼬리라 불러요. 꼬리의 가장 아랫부분은 당일의 저가를 의미합니다.

알아두세요

정규장이란?

오전 9시부터 오후 3시 30분까지 열리는 시장이 정규장이에요. 정규장 외에 장 시작 동시호가, 장 마감 동시호가, 장전 시간외 종가, 장후 시간외 종가, 시간외 단일가가 있어요.

정규시간
주식투자가 가능한 시간으로
오전 9시부터 오후 3시 30분까지

장 시작 동시호가
오전 8시 30분부터 오전 9시까지

장 마감 동시호가
오후 3시 20분부터 오후 3시 30분까지

장전 시간외 종가
오전 8시 30분부터 오전 8시 40분까지
전일 종가로 매매

장후 시간외 종가
오후 3시 40분부터 오후 4시까지
당일 종가로 매매

시간외 단일가
오후 4시부터 오후 6시까지 10분 단위로
당일 종가대비 ±10% 가격으로 매매

호가라고 해요. 간혹 TV에서 수산물 경매시장을 봤을 거예요. 서로 얼마에 사겠다고 경쟁적으로 가격을 제시하죠. 이런 걸 호가라고 해요. 주식 시장엔 동시호가라는 용어가 있어요. 별도의 시간대를 지정해두고 그 시간에 주문을 낸 사람은 동시에 가격을 불렀다고 가정하는 거죠. 동시에 호가를 냈다는 말이에요. 이럴 때는 여러 사람의 주문을 모아서 한 가격으로 거래를 성사시킨답니다. 우리 증시는 오전 시장이 열리기 전인 8시 30분부터 30분간, 시장 마감을 10분 앞둔 오후 3시 20분부터 10분간 각각 동시호가 방식을 적용해요. 위에서 봤던 삼성전자도 오전 거래가 시작되기 전에 투자자가 몰리면서 전날 종가보다 100원 오른 상태로 시가가 결정된 경우예요.

우리나라 증시는 ==주식 가격이 하루에 오르내릴 수 있는 범위==를 정해놨어요. ==최고치는 30%, 최저치는 −30%예요.== 최고치를 상한가, 최저치를 하한가로 불러요. 가령 어제 1만원에 거래가 끝난 주식은 오늘 최대 1만 3000원까지 오를 수 있어요. 반대로 떨어지더라도 7000원 아래로는 내려가지 않지요. 갑자기 올라서 시장이 너무 달아오르거나 너무 떨어져서 큰 손해를 보는 사람이 없도록 해 놓은 일종의 안전장치라고 보면 돼요. 예전엔 하루 가격 변동폭이 위아래로 15%였다가 2015년 6월 지금처럼 30%로 확대됐어요. 미국 주식시장엔 이 같은 제한이 없답니다. 페이스북, 아마존 같은 미국 주식은 하루 주가 변동폭이 엄청날 수 있겠죠.

주식 용어 이 정도는 알아야죠

투자 지식을 키워주는 주식 용어들

주식투자란 어떤 것이고, 주식시장은 어떻게 돌아가는지 어느 정도 이해가 됐죠? 그런데 막상 주식투자를 시작하려고 하면 처음 듣는 용어가 많아 무척 낯설 거예요.

주식시장에서 쓰는 단어들이 무슨 의미인지 정확하게 알아야 실수를 줄일 수 있어요. 투자에는 위험이 따르기 때문에 잘 모르고 덤비는 것은 금물이에요. 주식 거래를 하기 전에 알고 있어야 할 중요한 용어들을 정리해 봤어요. 이 정도만 알아도 대학생 언니 오빠들과 주식을 주제로 충분히 대화할 수 있을 거예요.

배당

여러분은 이 책을 펼치기 전에 '왜 내가 주식을 공부해야 하는지' 고민해 본 적이 있나요? 각자 여러 가지 이유가 있겠지만 사람들이 주식을 사려는 이유는 주주들에게 주어지는 권리 때문이에요. 주주란 주식을 보유하고 직·간접적으로 경영에 참여할 수 있는 사람 혹은 법인을 의미해요. 만약 여러분이 삼성전자 주식을 산다면 삼성전자 주주가 되는 셈이죠.

다양한 주주의 권리 중 특히 더 매력적인 선

물은 바로 배당(dividend)을 받을 수 있다는 점이에요. 기업들은 한 해 사업을 끝내면 그 해 벌어들인 돈을 계산해요. 만약 기업이 많은 이윤을 남겼다면 그중 일부는 주주에게 현금(돈)이나 주식으로 나눠주기도 하는데 이를 배당이라고 한답니다. 어느 정도나 배당할지는 대부분 주주총회를 열어서 정해요. 가령 올해 A란 주식회사의 배당금이 500원으로 정해지면 A회사 주주들은 자신의 보유 주식 수만큼 배당금을 받을 수 있어요. 500주를 가진 사람은 500원×500주=25만원의 배당금을, 1000주를 가진 사람은 500원×1000주=50만원을 받을 수 있죠. 회사마다 매년 수입이 다르기 때문에 배당금이 일정하지 않고, 적자를 내서 배당을 주지 못하는 회사도 많아요. 그래서 어떤 주식 투자자들은 배당금이 높은 회사를 더 좋아한답니다.

기업들은 대부분 1년에 4개 분기(3월 말, 6월 말, 9월 말, 12월 말) 중 한 분기를 선택해 그해의 실적을 결산하고 배당을 해요. 이걸 결산배당 또는 보통배당이라고 불러요. 주주들이 보통배당을 받기 위해서는 결산 때까지 해당 주식을 보유하고 있어야 해요. 그 전에 주식을 팔면 배당을 받을 수 없답니다. 보통배당 외에도 중간배당이라고 부르는 배당제도가 있어요. 결산 전이라도 회사에 특별하게 큰 이익이 나면 주주총회 투표를 통해 분기별로 배당하기도 해요. 그러니 여러분이 투자한 회사가 큰 수익을 거두고, 배당률이 높을수록 얻을 수 있는 과실이 더 많아지겠죠?

고배당 TOP 5
※2020년 12월 기준

종목명	현재가	배당금
서울가스	138,000	16,750
고려아연	510,000	15,000
한국쉘석유	279,000	14,000
롯데푸드	440,000	12,000
LG생활건강우	782,000	11,050

유상증자, 무상증자

기업이 생존하기 위해서는 돈이 필요해요. 새로운 기술을 개발하기 위해 막대한 연구 비용이 들기도 하고, 회사 직원들의 월급도 지급해야 하고, 회사의 상품과 서비스를 많은 사람에게 알리기 위한 홍보비용 등 많은 돈을 투입해야 해요.

그렇다면 기업들은 어떻게 돈을 마련할까요? 기업이 돈을 마련하는 방법은 크게 세 가지가 있답니다. 은행에서 돈을 빌리거나, 회사 이름의 채권을 발행하거나, 주식을 추가로 발행해 자본을 모으는 방법이 있어요. 이 가운데 기업들이 가장 좋아하는 방법은 세 번째인, 주식을 추가로 발행하는 거예요. 이것을 우리는 증자(增資)라고 불러요. 증자란 한자 풀이 그대로 자본을 늘리는 것을 의미해요. 증자에는 크게 유상증자와 무상증

알아두세요

증자란 주식을 추가로 발행하는 것을 말해요. 증자 방식은 주주배정, 일반공모, 제3자 배정이 있어요.

유상증자란?
신규로 발행되는 신주를 대가를 지불하고 거래하는 것이에요. 신주를 추가로 발행하면 회사의 자산은 증가해요.

무상증자란?
기존 주주들에게 신주를 공짜로 제공하는 것이에요. 무상증자는 회사 자산의 변화 없이 신주만 늘어나요.

주주배정
기존 주주들에게 지분 비율에 따라 신주를 배정

일반공모
주주가 아닌 일반 사람들을 대상으로 발행한 신주를 공모

제3자 배정
기존 주주가 아닌 제3자에게 신주를 배정

자가 있어요. 먼저 유상증자는 신주(新株), 즉 새로운 주식을 발행해 회사의 자금을 늘리는 걸 의미해요. 만약 A회사가 새로운 공장을 짓기 위해 유상증자를 한다고 한다면 "아, A회사가 주식을 새로 더 발행해 그걸 판매하고 얻는 돈으로 공장을 짓는구나"라

고 생각하면 될 거예요. 단 여기서 주의할 점이 있어요. 현재 A회사의 주가가 탄탄하고, 꾸준히 오르는 상황에서 투자 관점에서 유상증자를 한다면 이건 굉장히 좋은 의미의 증자예요.

이 때문에 이런 경우 해당 회사의 주가가 오르기도 한답니다. 반대로 운영능력이나 재무상태가 불안한 회사가 갑자기 유상증자를 한다면 주가에 악영향을 주게 되죠. 그래서 어떤 기업이 유상증자를 한다고 할 때는 그 회사의 재무상태 등 여러 가지 조건을 꼼꼼히 살펴봐야 한답니다.

그렇다면 무상증자는 무엇일까요. 무상증자는 주식을 공짜로 나눠주는 증자를 의미해요. 주식을 왜 공짜로 나눠주느냐고요? 회사의 수익이 많이 났을 경우 회사는 이를 잉여금으로 그대로 두지 않고 자본금으로 옮기고 싶어 할 때가 있어요.

자본금이 늘어나면 그만큼 주식 수도 증가하는데요, 이를 기존 주주들에게 나눠주는 것이죠. 무상증자를 하면 회사의 자산은 변화가 없어요. 그러나 회사는 늘어난 자본금만큼 회사에 재투자할 수 있고, 주주들은 공짜로 주식을 더 보유하게 돼 자신의 재산이 더 증가하게 되죠. 무엇보다 무상증자는 회사의 자금 사정이 좋을 때 가능하기 때문에 시장에 긍정적인 영향을 준답니다.

기업공개와 공모주

여러분은 신문 뉴스나 거대한 빌딩 간판에 ㈜○○○이란 명칭을 본 적이 있나요? 회사 이름 앞에 ㈜가 붙는 건 이 회사가 주식을 발행하고 여러 사람으로부터 자본을 투자받은 주식회사라는 걸 의미해요. 지금 우리가 주식 투자 공부에서 얘기하는 기업은 대부분 주식회사를 뜻하죠. 그러면 모든 회사가 회사의 주식을 발행하고, 팔 수 있을까요? 그렇지 않아요. 조건이 필요해요. 한국거래소라는 금융기관에서 '이 회사는 주식을 발행하고, 사고팔 수 있다'는 자격을 받아야 해요. 이걸 상장이라고 한답니다. 나라마다 한국거래소와 같은 금융거래소가 있답니다.

2021년 7월 주요 공모주

종목명	공모가	청약경쟁율	주관사	업종
큐라클	25,000	1546 대 1	삼성증권	바이오
맥스트	15,000	6762 대 1	하나금융투자	메타버스
에브리봇	36,700	59 대 1	NH투자증권	로봇청소기
카카오뱅크	39,000	182 대 1	KB증권	금융

그리고 기업들이 상장하기 위해 가장 많이 하는 방식이 기업공개(IPO)예요. 말 그대로 '우리 회사를 공개합니다'라는 뜻이죠.

기업공개란 외부 투자자가 공개적으로 주식을 살 수 있도록 기업이 자기 회사의 주식과 경영 내역을 시장에 공개하는 거랍니다. 주식시장에 들어가기 위한 신고 과정이라고 생각하면 돼요. 기업공개를 하는 이유는 투자금을 확보하기 위한 것이죠. 대규모 자금을 손쉽게 조달할 수 있고, 이 자금을 통해 빌린 돈도 갚고, 새로운 공장을 건설할 수도 있으며, 신사업에 투자할 수도 있으니까요. 기업의 모든 정보가 공개되기 때문에 기업에 대한 신뢰도를 높일 수 있고 홍보 효과도 얻을 수 있답니다. 그리고 이 기업공개를 하는 기업이 발행하는 주식을 공모주라고 불러요.

쉽게 말해 '우리 회사도 이제 주식시장에 상장할 자격을 얻었으니 투자하세요'라고 공개모집하는 주식이죠. 공모금액이 결정되면 공모주를 살 사람들이 신청하는데, 이것을 공모주 청약이라고 해요.

주식시장에서 공모주가 큰 주목을 받는 이유는 상장 거래 첫날 가격이 크게 올라가는 사례가 많기 때문이에요.

단 공모주를 배당받았다고 다 좋은 것만은 아니에요. 거래 첫날 주식 가격이 엄청 올랐다가 갑자기 떨어지는 경우도 있거든요. 그저 공모주 청약으로 단기적인 수익을 얻는 데만 관심을 둘 것이 아니라 잠재적으로 이 회사가 얼마나 탄탄하고 수익성이 좋은 회사인지를 기업공개를 통해 꼼꼼히 살펴보길 바랍니다. 그게 현명한 주식 투자자의 첫걸음이랍니다.

서킷브레이커와 사이드카

여러분 이런 경험 있나요? 휴대폰으로 유튜브를 한참 보다 보면 단말기가 뜨거워지는 현상 말이에요. 휴대폰뿐만 아니라 대개 전기기계를 오래 작동시키면 열이 발생해요. 기계가 장시간 열에 노출되면 당연히 손상이 오겠죠. 그래서 대부분의 전기기계에는 이 열을 식혀주는 장치가 있어요. 그중 서킷브레이커(circuit breaker·CB)라는 것도 있어요. 회로가 과열되면 자동으로 전류를 차단하는 회로차단 장치를 말해요. 흔히 어른들이 '두꺼비집'이라고 말하는 것이 바로 이 서

킷브레이커랍니다. 주식시장에서도 이 단어를 사용하는데, 어떤 경우에 쓸까요? 네 맞습니다. 주식시장이 급격히 오르거나 하락해 자칫 투자자들에게 큰 위험이 발생할 수 있는 상황에서 발동하는 '멈춤' 기능이에요. 예를 들어 신약을 개발 중인 한 제약회사가 있어요. 사람들은 이 회사가 만드는 신약이 성공적으로 개발될 수 있을 거란 믿음을 갖고 이 회사 주식에 투자했죠. 회사의 주가는 3개월간 쭉쭉 올라갔어요. 그런데 투자자들의 기대와 달리 신약 테스트 결과가 좋지 않게 나왔죠. 이 회사의 주가는 테스트 결과가 나온 뒤 폭포수처럼 떨어지기 시작해요. 투자자들 입장에서는 불안감을 느끼죠. 문제는 그 불안감이 너무 커져서 마구잡이로 주식을 헐값에 팔기 시작하는 경우가 있는데, 이때 등장하는 게 서킷브레이커예요. 1987년 10월 미국에서 사상 최악의 주가 대폭락 사태인 블랙먼데이(Black Monday) 이후 주식시장의 붕괴를 막기 위해 처음 만들어졌대요. 우리나라 주식시장에서 서킷브레이커를 발동할 수 있는 곳은 한국거래소랍니다. 코스피지수나 코스닥지수가 전날 거래일보다 8% 이상 하락하면 1단계를 발동해 20분간 거래를 중단시켜요. 15% 이상 떨어지면 2단계로 20분

간 거래를 중단시킵니다.

증시의 충격을 완화하는 또 다른 장치로는 '사이드카(sidecar)'라는 것도 있어요. 사이드카의 본래 뜻은 경찰이 교통 안내와 단속, 순찰 등을 목적으로 운행하는 오토바이예요. 주식시장에서 말하는 사이드카는 미래 가격을 의미하는 선물지수의 오르내림이 너무 커서 이로 인해 일어날 현물시장의 혼란을 미리 방지하기 위한 멈춤 장치죠. 사이드카는 코스피200 선물 가격이 기준 가격 대비 5%(코스닥150 선물은 6%) 이상 1분간 상승이나 하락하면 발동되며, 5분간 매매 체결이 정지됐다가 이후 자동적으로 해제돼 매매 체결이 재개됩니다.

관리종목과 거래정지

이번에는 주식의 위험성에 대해 얘기해 볼게요. 상장 기업들은 정기적으로 한국거래소에 자신들의 실적이 담긴 성적표인 사업보고서를 제출해야 하는데 그걸 제대로 하지 않는 기업들이 있어요. 분명 문제가 있어 보이죠? 이럴 때 한국거래소는 마치 의사처럼 해당 회사들을 진단하고 관리하기 시작해요. 이걸 주식시장에서는 관리종목이라고

이것만은 꼭!

• 미국 블랙먼데이란?

1987년 뉴욕증권시장에서 일어났던 주가 대폭락 사건이에요. 당시 월요일이어서 블랙먼데이라는 이름이 붙었어요. 이러한 폭락은 주기적으로 반복되는 현상이 있어 월요일 시장을 조심하게 됐답니다. 월요일에 폭락하면 '블랙먼데이'가 왔다고 말해요.

• 서킷브레이커

주가지수의 상하 변동폭이 10%를 넘는 상태가 1분간 지속될 때 현물과 선물 옵션의 매매 거래를 일시 중단시키는 제도. 발동 시 20분 동안 거래가 정지되고 이후 10분 동안 동시호가 거래가 진행되요.

• 사이드카

선물가격이 전일종가 대비 5% 이상, 코스닥은 6% 이상 상승 또는 하락이 1분 이상 지속될 때 발동해 5분간 정지되는 제도.
사이드카는 1일 1회만 발동되며 매매 종료 40분 전인 오후 2시 50분 이후에는 발동되지 않아요.

• 관리종목

상장폐지 가능성이 있는 종목에 한해 투자자에게 주의를 주기 위해 관리 종목으로 지정. 신용거래가 금지되고 매매가 정지 될 수 있어요.

• 거래정지

거래소에서 정한 거래정지 사유에 충족됐을 때 이 종목의 주식 거래가 불가능하도록 거래정지되요. 정지 사유와 기간은 공시를 통해 확인할 수 있어요.

불러요. 회사 주식이 관리종목으로 지정되면 일정 기간 주식 거래가 정지될 수 있어요. 거래가 정지된 종목은 거래소가 거래정지 종목으로 따로 분류해 관리한답니다.

거래정지란 말 그대로 거래를 멈춘다는 뜻이겠죠? 거래정지는 여러 가지 이유로 행해지는데 앞서 말한 대로 회사의 경영이 부실하거나 거래소 규칙을 어겼거나, 갑자기 주가 변동성이 너무 커서 자칫 투자자들에게 위험이 크다고 판단되면 해당 주식을 거래하지 못하도록 정지시킨답니다.

실제로 단기간에 주가가 이해하지 못할 정도로 가파르게 올라도 거래정지를 발동하기도 해요. 물론 거래정지가 무조건 관리종목 주식이나 나쁜 경우에만 행해지는 건 아니에요. 간혹 주식이 합쳐(병합)지거나 나눠(분할)져 주권의 제출을 요구할 때 거래정지하기도 한답니다. 단 관리종목으로 지정되더라도 그 회사의 주식이 무조건 나쁜 결말만 맞이하는 건 아니에요. 다른 회사가 이 관리종목 회사를 인수해 더 좋은 회사로 거듭나는 경우도 있고, 관리종목으로 지정된 동안 회사의 문제들을 개선하면 일반 종목으로 돌아갈 수도 있어요. 이때 회사의 주가는 다시 상승하기도 하니, 주식 세상은 정말 끝날 때까지 그 결말을 알 수 없는 탐구 영역이랍니다.

상장폐지

이번에는 관리종목, 거래정지보다 더 무서운 주식 용어를 소개할까 해요. 앞서 우리는 상장이라는 단어를 배웠죠. 한국거래소의 엄격한 자격 심사를 통과한 회사만 유가증권시장이나 코스닥시장에 상장돼 주식을 거래할 수 있다고 했습니다. 그런데 상장폐지란 용어가 있어요. 벌써 느낌이 오나요? 네 맞습니다. 상장 자격이 취소되는 일을 주식시장에서는 상장폐지라고 불러요.

관리종목으로 지정된 뒤에도 10일 이내에 사업보고서를 내지 못하거나 주가, 시가총액, 거래량이 계속 나쁜 기업은 거래소가 상장폐지를 해버려요. 회사가 부도난 경우도 있고요.

상장폐지가 결정된 기업은 주식시장에서 쫓겨나고, 해당 기업이 발행한 주식은 그야말로 휴짓조각이 되고 만답니다.

생각만 해도 끔찍한 일이죠. 또 관리종목과 달리 한 번 상장폐지된 회사의 주식은 다시 상장되기 힘듭니다. 2021년 기준 지난 5

알아두세요

자본잠식이란?

기업의 적자 누적으로 인해 잉여금이 마이너스가 되면서 자본 총계가 납입자본금보다 적은 상태를 말해요. 납입자본금과 잉여금을 더한 자본총계마저 마이너스가 될 경우 완전자본잠식이라고 해요.

부분자본잠식 (단위: 만 원)

	2008년 말	2009년 말	2010년 말
자본금	5000	5000	5000
이익잉여금	(−)1000	(−)2000	(−)3000
자기자본 (자본총계)	4000	3000	2000

→ 매년 1000만 원씩 결손금 증가
→ 자본금 5000만 원, 자기자본 2000만 원, 60%자본잠식 상태

완전자본잠식

년간 상장폐지된 회사가 134개(유가증권시장과 코스닥시장 합산)나 된다고 해요. 따라서 여러분이 투자할 때는 회사의 재무제표, 사업보고서, 전문가 분석, 시장 상황을 다방면으로 따져보고 공부해야 상장폐지 위험에서 벗어날 수 있답니다.

자본잠식

누에나방의 애벌레인 누에를 본 적이 있나요? 누에는 주로 뽕잎을 먹으며 자라요. 작은 누에가 뽕잎을 먹는 속도와 양은 한없이 느리고 적어 보이죠. 그런데 티끌 모아 태산이란 말처럼 시간이 지나면 누에가 갉아 먹은 뽕잎이 반 토막도 안 남아 있더라고요. 이처럼 '누에가 뽕잎을 먹듯이 점차 조금씩 침략해 먹어 들어간다'는 의미를 지닌 말이 '잠식(蠶食)'이에요. 이 단어는 경제 기사에서 자주 등장하는데 주식 용어에도 이 말이 들어간 단어가 있어요. 바로 자본잠식이랍니다. 자본잠식은 말 그대로 자본이 깎여 나간다는 의미랍니다. 이걸 설명하기 전에 먼저 기업의 '자산(재산)'이라는 개념을 설명해줄게요. 자산은 크게 자본(투자금)과 부채(빚)로 구성돼 있어요. 그리고 자산은 또 두 가지로 나뉘는데요, 자본금과 잉여금이

랍니다. 여기서부터는 용어가 어려우니 천천히 잘 따라오세요. 자본금은 회사 주식의 총 가치(발행주식 수×액면가)를 의미해요. 잉여금은 '나머지 돈'을 뜻하죠.

잉여금에는 주식발행초과금과 이익잉여금, 재산재평가적립금이 포함돼요. 회사가 주식을 발행했는데 액면가보다 더 높은 금액으로 발행했다면 자본금을 초과한 수익이 나오겠죠? 이를 주식발행초과금이라고 한답니다. 예를 들어 볼게요. 액면가 5000원짜리 주식을 7000원에 100주 발행했다면, 자본금은 50만원이고 잉여금인 주식발행초과금은 2000원×100주로 20만원이 됩니다. 잉여금에는 기업의 영업활동, 손익 거래를 통해 발생한 이익잉여금도 있어요. 앞서 설명했듯 기업이 영업활동을 하고 남은 이익 중 주주에게 지급하는 배당금을 제외하고 나머지를 회사 자본으로 쌓아두게 되는데 이것도 잉여금에 포함돼요. 당연히 회사가 잘될수록 잉여금은 계속 쌓일 수밖에 없겠죠? 반대의 경우는 잉여금이 계속 줄어들 테고요.

자본잠식이란 회사 사정이 어려워지면서 쌓아둔 잉여금이 바닥나고, 원래 있던 자본금을 까먹기 시작하는 것을 의미해요. 마치 누에가 뽕잎을 갉아 먹듯 말이죠. 이걸 부분자본잠식이라고 하는데, 만일 자본(자본금+잉여금)의 총액이 자본금보다 적거나 마이너스가 되면 '완전자본잠식'이라 부른답니다. 이처럼 자본잠식이 계속되면 자칫 상장폐지로 이어지기도 해요. 따라서 회사의 자본잠식 상황도 꼼꼼히 따져봐야 현명한 주식투자가 될 수 있답니다.

보통주와 우선주

앞에서 배당을 배웠어요. 배당은 주식투자를 하는 주주들에게 주어지는 여러 가지 권리 중 하나죠. 그렇다면 나머지 권리들은 어떤 것이 있을까요? 배당을 받고, 보유한 주식의 가격이 올라갔을 때 얻을 수 있는 이윤 외에도 주주들에겐 정말 중요한 권리가 있어요. 바로 의결권이에요.

의결이란 의논해 결정한다는 뜻이죠. 여러분이 학교에서 같은 반 친구들과 학급회의를 하는 과정이 의결이라고 할 수 있죠. 주식회사는 일반 개인회사와 달리 회사 대표가 혼자서 모든 결정과 판단을 할 수 없어요. 주주들이 모여 주주총회를 열고, 의결 과정을 거쳐 회사의 중대사안을 결정한답니다. 이것을 다시 말하면 회사 경영에 직접 또는 간접적으로 참여할 수 있다는 의미이기도 해요. 다만 우리가 학급회의나 대통령 선거를 할 때는 1인당 똑같은 1표의 권리를 갖죠?

그런데 주주총회에서는 보유한 주식 수만큼 그 힘이 더 커져요. 예를 들어 A회사에서 주주총회를 했는데 회사의 새 건물을 짓자는 안건에 찬성한 주주들(40명)의 주식 수가 300만 주고, 반대하는 주주들(55명)의 주식 수가 150만 주라면 이때 결정은 '찬성'이 돼요. 정작 주주 수는 반대하는 쪽이 15명 더 많은데도 말이죠. 이처럼 주식 세계에서는 더 많은 주식을 보유한 주주에게 더 큰 의결권이 주어져요. 그리고 이렇게 주주가 행사하는 권리를 다 누릴 수 있는 주식을 우리는 보통주라고 부른답니다.

그런데 어떤 주식은 이 의결권이 없는 주식이 있어요. 이걸 우선주라고 해요. 가령 유가증권시장에 상장된 주식 가운데 '삼성전자' '호텔신라' 'SK이노베이션'을 한번 검색해보세요. 그러면 '삼성전자우' '호텔신라우' 'SK이노베이션우'라는 종목이 함께 검색될 겁니다. 이렇게 종목 뒤에 '우'라고 붙는 게 우선주예요. 우선주에는 의결권이 없어요. 의결권이 없으니 회사 경영에 참여할 수 없어요.

이것만은 꼭!

• 보통주
의결권이 있으며 배당금을 받을 수 있어요.

• 우선주
의결권은 없지만 보통주보다 더 많이 배당을 받을 수 있어요. 예를 들어, 삼성전자는 보통주, 삼성전자우는 우선주예요. 특정 종목에 1우, 2우라고 표기된 것은 발행한 순서를 나타내요. 이름 뒤에 b가 붙는 것은 신형우선주를 의미하는데, 채권에서 비롯됐어요.

• 선물
현재 시세가 아닌 미래 시세를 정해 계약하는 곳을 선물시장이라고 하고 파생 상품이라고 불러요. 특정 상품을 미래에 정산 시세에 계약거래를 하는 걸 말해요.

• 옵션
선물이 계약이라면 옵션은 권리에요. 옵션은 특정 상품을 미리 정해진 가격으로 사고파는 권리를 의미해요.

대신 우선주에는 꿀 같은 혜택이 있어요. 회사가 배당할 때 보통주에 비해 배당을 1~2% 정도 더 해주고, 회사가 해산할 경우에도 회사가 채권자에게 빚을 갚고도 남는 돈이 있다면 그 재산을 보통주보다 먼저 분배받을 수 있죠. 배당금을 '우선해서' 챙겨준다고 생각하면 더 쉽게 머리에 남을 거예요. 단 우선주라고 무조건 좋은 건 아니에요. 배당금이 없다면 보통주에 비해 큰 매력이 없거든요.

선물과 옵션

상품은 현물과 선물로 나눌 수 있어요. 현물은 현재 가격으로 돈과 상품을 맞교환하는 것이에요. 우리가 흔히 아는 상품이죠. 선물은 미리 상품 가격을 정해 '물건을 사거나 팔겠다'고 약속한 뒤 미래의 특정 시점에 교환하는 걸 의미해요. 실제 상품을 사고파는 것은 나중이지만 그에 앞서 미리 거래를 약속한다는 뜻에서 한자 '앞설 선(先)'자를 붙인 거예요. 친구에게 주는 '선물'이 아니고요.

쉽게 예를 들어 볼게요. 여기 한 투자자가 있어요. 평소 날씨에 관심이 많은 이 사람은 지난 20년 동안의 날씨 데이터를 보던 중 올여름과 가을에 가뭄이 들 확률이 높다고 예측했어요. 긴 가뭄이 오면 어떤 일이 벌어질까요? 농작물이 피해를 입겠죠. 수확량도 줄어들고요. 농작물을 필요로 하는 곳은 많은데 물량이 적으면 농산물 가격은 비싸질 수밖에 없답니다. 그래서 이 투자자는 이른 봄에 한 농부를 만나 '4개월 뒤 배추를 한 포기 6000원에 사주겠다'고 제안합니다. 농부는 현재 배추 가격이 4000원인데 4개월 뒤에도 가격 변동이 크게 없을 것 같아 흔쾌히 제안에 응해요. 이후 4개월이 지났어요. 그런데 정말 가뭄이 심해진 탓에 배추의 시중 가격이 포기당 8000원이 됐어요. 그렇지만 이들은 반드시 미리 약속한 6000원에 거래해야 한답니다. 이것이 선물 거래의 원칙이에요.

누가 이득이었을까요? 8000원에 거래되는 배추를 6000원에 사게 된 투자자겠죠? 반대로 농부는 2000원을 더 받고 팔 수 있는데 선물 계약을 했기 때문에 손해를 보더라도 6000원에 배추를 팔아야 해요.

이처럼 선물 거래는 미래 가격 예측이 어려운 상품에서 많이 활용돼요. 주식시장에서도 선물 거래가 가능하답니다. 기초자산은 코스피200(유가증권시장의 대표 200종목을 활용해 만든 지수)입니다. 단 선물은 영원히 보유할 수 없습니다. 주식과 달리 선물은 보유 기간이 정해져 있어요. 아울러 선물과 함께 자주 등장하는 용어가 옵션이에요. 선물과 옵션은 사실 비슷해요. 다만 선물은 특정 금액으로 약속한 시점에 반드시 사고팔아야 하는 계약이라면, 옵션은 미래에 계약을 포기할 수도 있어요. 대신 위약금을 내야 한답니다. 그래도 선물보다는 안전한 계약 방식이죠. 그래서 통상 선물보다 옵션 계약이 좀 더 비싼 경우가 많아요. 무엇보다 선물 거래는 예측하기 어렵고, 자칫 결과가 자신의 예상과는 반대로 나오면 그 피해가 엄청나게 크기 때문에 신중하게 접근해야 한답니다.

불마켓과 베어마켓

주식시장에는 재미있는 용어가 많아요. 비유적인 표현도 자주 나오고요. 이번에 소개할 단어는 이름으로 외우기보다는 그림으로 기억하길 추천하는데요, 바로 베어마켓(bear market)과 불마켓(bull market)입니다. 우리말로 바꿔보자면 각각 곰시장, 황소시장이란 뜻이죠. 도대체 어떤 시장이기에 두 동물이 등장한 걸까요?

알아두세요

강세장
지수가 우상향하거나 강한 상승세를 보일 때 강세장이라고 해요.

약세장
지수가 우하향하거나 강한 하락세를 보이거나 움직임이 약할 때 약세장이라고 해요.

이 용어의 기원을 두고 여러 가지 설이 있다고 해요. 그중 황소와 곰이 서로 싸우도록 부추기는 미국의 전통 스포츠에서 유래했다는 설이 지배적이에요. 우선 베어마켓은 주식시장에서 주가가 하락하고 있거나 하락할 것으로 예상되는 약세장을 의미해요. 시장에 힘이 없는 거예요. 주가가 내려가는 모습의 그래프를 곰에 비유한 건데요. 평소 네 발로 걷는 곰은 싸울 때 몸을 바로 세우고 자신의 앞발을 위에서 아래로 내려치는 자세를 취한대요. 그 모습이 마치 주가의 방향이 아래로 내려가는 하락시장을 연상시킨다고 해서 그런 이름이 붙여졌어요.

이와 달리 황소는 싸울 때 뿔을 위로 세우죠. 그 뾰족하게 올라간 뿔의 형태처럼 장기간에 걸친 주가 상승이나 강세장이 예상될 때의 주식시장을 불마켓이라고 해요. 그래

서일까요. 금융시장에서 황소상은 그 자체로 상징물이 돼버렸어요. 실제로 미국 뉴욕, 중국 상하이와 홍콩, 독일 프랑크푸르트 등 세계 각국의 자본시장 중심지엔 황소상이 있답니다. 가장 유명한 황소상은 미국 월스트리트 뉴욕증권거래소 앞에 있는 '돌진하는 황소상(Charging Bull)'으로, 관광명소이기도 해요. 우리나라에도 서울 여의도 한국거래소와 금융투자협회, 부산국제금융센터 등 3곳에 황소상이 있답니다. 앞으로 이곳을 지나갈 일이 생긴다면 이제는 황소상의 의미를 알 수 있겠죠?

액면분할

이번에는 나눗셈만 할 수 있으면 누구나 쉽게 이해할 수 있는 주식 용어를 설명해줄게요. 액면분할이라는 단어예요. 쉽게 말하면 주식 가격을 일정한 비율로 나눠 주식 수를 늘어나게 하는 걸 말하는데요, 우선 이게 왜 필요한지부터 알아보죠. 역사적으로 주식시장은 꾸준히 상승해왔어요. 물론 그중에는 사라진 상장 기업들도 있고, 주식 가격이 바닥까지 떨어진 종목도 있지만 전반적으로 주식시장 규모와 가격은 꾸준히 높아지고 있답니다. 당연히 오랜 기간 사랑받아왔거나 급격한 성장으로 몸집이 거대해진 회사들의 주식 가격은 어떻게 됐을까요? 많이 올랐겠죠?

예를 들어볼게요. 2018년 5월 액면분할 전 삼성전자의 1주당 가격은 무려 250만원에 달했어요. 지금은 8만원 안팎을 오가는 삼성전자 주식이 250만원이었던 거죠. 아니 어떻게 이런 일이 있을 수 있었을까요? 액면분할 때문이에요. 액면분할은 어떤 주식 가격이 과도하게 높게 형성돼 주식 거래가 부진하거나 신주 발행이 어려운 경우 등에 이뤄져요. 생각해보세요. 1주당 250만원짜리 주식을 일반인들이 많이 보유하기란 쉽지 않은 일이거든요. 그래서 이런 경우 액면분할로 주식 가격을 낮춰 주식 거래를 다시 늘어나게 하는 효과를 얻을 수 있어요. 그렇다면 액면분할은 어떻게 할까요? 말 그대로 주식 가격을 일정 비율로 나누는 거예요. 본래 1주당 액면가액이 5000원짜리인 주식을 1000원으로 액면분할하면 1 대 5의 비율로 주식 수가 늘어나죠. 5000원짜리 1주가 1000원짜리 5주로 변하는 셈이에요. 따라서 주주들의 총 투자금액에는 변동이 없어요. 다만 액면분할을 통해 해당 주식 거래가 더 활발하게 늘어나면 더 큰 주가 상승을 기대할 수 있답니다. 물론 그 반대의 경우도 발생해요. 따라서 장기적으로 투자할 만한 가치가 높은 기업이라면 액면분할이 주가에 도움이 될 가능성이 높답니다.

개인, 기관, 외국인

여러분은 '개미' 하면 어떤 생각이 먼저 떠오르나요? 작다? 검다? 무리지어 다닌다? 각자 머릿속에 그려지는 개미의 모습은 제각각일 거예요. 그런데 혹시 주식시장에도 개미가 있다는 이야기 들어보셨나요? '갑자기 웬 개미?'라고 생각하는 친구들도 있을 텐데요, 지금부터 주식시장에서 개미란 무엇을 의미하는지 알려줄게요.

주식시장에는 다양한 투자자가 있는데 크게 개인, 기관, 외국인 등 세 그룹으로 나뉘죠.

앞서 언급한 개미는 개인투자자를 의미해요. 개인은 기관투자가에 비해 상대적으로 적은 금액을 투자하고, 투자자 수가 많기 때문에 예전부터 '개미' 혹은 '개미군단'으로 비유됐어요.

기관투자가는 개인과 달리 엄청나게 큰돈을 투자하는 단체를 가리키는 말이에요. 기관투자가는 다시 두 부류로 나뉘는데 하나는 정부나 정부가 관리하는 기업, 증권회사, 보험회사, 은행 등 각종 금융회사이고, 또 다른 하나는 공제회, 국민연금 같은 연기금이 포함돼요. 여기서 잠깐, 연기금은 무엇일까요. 연기금은 연금과 기금을 합친 말이에요. 연금이란 나이가 들어 직장에서 은퇴한 뒤 안전한 생활을 보장하기 위해 젊을 때 일하는 동안 꾸준히 돈을 부었다가 약속한 나이가 되면 돈과 이자를 돌려받는 제도예요. 기금은 정부가 여러 사람을 위한 사업, 즉 공공

사업에 필요한 돈을 마련하려고 준비해두는 자금을 말해요. 연금이나 기금을 굴리는 사람들은 나중에 가입자들의 노후 자금을 안정적으로 제공하기 위해 현재 모아 둔 돈의 규모를 키워야 한답니다. 연기금이 주식투자를 하는 주된 이유기도 해요. 마지막으로 외국인은 말 그대로 외국인 투자자를 얘기해요. 외국인 중에서도 개인이 있고, 기관이 있는데 현재까지 우리나라 주식시장의 외국인 투자자는 대부분 기관이에요.

외국인들도 기관투자가와 마찬가지로 대개 큰돈을 가지고 주식시장에 뛰어들어요. 무엇보다 개인투자자들이 쉽게 접근하지 못하는 기업 정보와 주식시장의 흐름도 꿰뚫고 있어 시장에 미치는 힘이 굉장히 커요. 그래서일까요. 기관투자가와 외국인이 함께 어떤 주식을 매수(사는 것)하거나 매도(파는 것)할 경우 그 주식의 가격이 갑자기 오르거나 반대로 크게 떨어지는 일이 자주 일어난답니다. 그렇다고 개인들이 주식시장에서 힘을 쓰지 못하는 것도 아니에요. 요즘은 기업에 대해 자세한 정보를 얻을 수 있는 길이 많아 정보력과 분석력을 고루 갖춘 '똑똑한 개미'가 늘어나고 있어요. 누구나 노력하면 주식투자로 열매를 얻을 수 있어요. 이 책을 읽고 있는 여러분도 꼭 똑똑한 '스마트 개미'가 되길 바랍니다.

신용융자

사람과 사람 간 가장 중요한 게 무엇일까요? 여러 가지가 있겠지만 역시 으뜸은 사랑과 믿음이 아닐까 싶어요. 믿음이라는 것은 다른 용어로 신용이라고도 부르죠. 사람 간 신용이 밑바탕이 돼야 관계가 시작될 수 있죠. 경제 용어에서도 이 신용이 쓰일 때가 있어요. 이때 신용은 어떤 상품이나 물품을 사고팔고, 거래할 때 그 대가를 미래에 지급할 수 있다는 약속 혹은 믿음을 의미해요. 그래서 어떤 사람을 두고 '신용이 높다' 혹은 '신용이 튼튼하다'고 하는 건 저 사람에게 어떤 물건이나 돈을 빌려줬을 때 갚을 능력이 우수하다는 의미기도 해요.

알아두세요

매매주체란?
주식투자를 하는 투자 주체를 의미해요.

개인
국내에서 주식 계좌를 개설해 투자하고 있는 개인투자자

기관
일반이나 법인 출처의 대규모 자금을 운영하는 법인 투자 기관·연기금, 금융투자, 투자신탁, 기타법인, 기타금융 등

외국인
외국 국적의 법인, 외국계 금융사, 헤지펀드 등 외국 투자자

신용융자란?
신용을 써서 거래하는 것을 신용융자거래, 줄여서 신용거래라고 해요.

주식시장에선 신용융자라는 게 있어요. 증권회사가 투자 고객으로부터 일정한 증거금(신용거래보증금)을 받고 주식 거래의 결제를 위해 매매자금을 빌려주는 것을 의미해요. 이때의 신용거래보증금은 증권시장 상황을 파악하는 중요한 수단이 되기도 하죠. 물론 공짜로 빌려주는 경우는 없어요. 대개 신용거래에는 대금을 빌리는데 수수료를 내야 하기도 하고, 돈을 갚아야 하는 기간도 정해져 있어요. 이 때문에 자칫 너무 많은 돈을 무리하게 신용융자로 빌려 주식투자를 하다가 실패할 경우 그 피해가 큽니다. 꼭 투자하고 싶은데 지금 현금이 부족한 투자자라면 신용융자를 활용할 필요는 있겠죠.

공매도

주식시장엔 공매도라는 투자기법이 있어요. 공매도는 앞으로 주가가 떨어질 것으로 예상되는 종목의 주식을 빌려 매도(주식을 파는 것)한 뒤 주가가 떨어지면 싼값에 되사들여 빌린 주식을 갚고 차익을 얻는 매매기법이에요.

말이 어려운가요? 쉽게 예를 들어볼게요. 여기 A기업이 있어요. 이 회사의 현재 주가가 1만원인데 불과 한 달 전까지 3000원이었던 주가가 330%나 가파르게 올랐어요. 회사 실적에 비해 지나치게 주가가 올랐다는 평가들이 나오기도 했고요. 이럴 때 흔히 주가에 '거품'이 끼었다고 말하기도 해요. 그래서 '아, 이 주식은 얼마 안 가서 가격이 떨어질 수 있겠구나'라고 생각한 투자자는 다른 사람에게서 A 주식을 빌려 1만원에 팔아요. 이걸 공매도라고 해요. 그리고 예상했던 대로 주가가 떨어져 8000원이 되면 이 투자자

는 8000원에 A 주식을 사서 원래 주인에게 돌려주면 돼요. 그럼 얼마가 남죠? 2000원이 손에 들어왔네요.

하지만 투자자의 예상과 달리 주식을 공매도한 뒤 주가가 올라버리면 손실이 커지고 빌린 주식을 제때 돌려주지 못할 수도 있으니까 매우 조심해야 해요.

기업분할

기업분할은 말 그대로 기존 회사를 나누는 걸 의미해요. 구체적으로 말하면 회사 내의 여러 사업부를 떼어내 새로운 회사로 만드는 것을 말한답니다. 2차전지 배터리로 유명한 LG화학 들어봤나요? 이 회사는 2020년에 LG화학과 LG에너지솔루션이란 두 회사로 쪼개졌어요.

그럼 기업이 멀쩡한 회사를 나누는 이유는 뭘까요? 경영 효율성 때문이에요. 회사가 커지고 사업이 다양해질수록 얽혀 있는 이해관계가 복잡하거든요. 그런데 기업을 나누면 이런 경영의 문제가 풀리는 사례가 많아요. 사업 모델이 다른 부서들을 각각의 회사로 나눠 상장하면 기업 가치를 평가하기도 쉬워지고, 투자자들도 원하는 사업만 선택해 투자할 수 있으니까요. 또 기업 내에서 성적이 좋지 않은 부실 사업부를 분할해 떼어내서 팔면 사업구조가 더욱 탄탄해지겠지요.

MSCI 지수

마지막으로 알아볼 용어는 MSCI 지수예요. 지수(index)란 단어를 이 책에서 여러 번 봤죠? 지수는 변화하는 수준을 숫자로 쉽게 알아볼 수 있게 해주는 수치예요. 주식시장에서는 주식 가격의 움직임을 한눈에 보여주는 지표가 지수랍니다. 우리나라 증시의 오르내림을 보여주는 수치는 코스피지수(KOSPI)라고 불러요. 주가지수를 보면 그 나라 시장이 얼마나 올랐는지 내렸는지를 가늠할 수 있어요. 주식시장에서 몇몇 지수는 세계 기관투자가나 펀드매니저들의 투자 방향에 큰 영향을 미치는 막강한 힘을 갖고 있어요. 이 지수들은 시장에서 '참고가 되는 기준(benchmark · 벤치마크)'이라는 뜻으로 벤치마크 지수라고 불러요.

MSCI 지수는 세계 증시에서 가장 유명한 벤치마크 지수 중 하나예요. MSCI 지수는 'Morgan Stanley Capital International Index(모건스탠리캐피털인터내셔널인덱스)'

의 준말이에요. 모건스탠리는 미국 뉴욕에 본사가 있는 대형 투자은행이에요. 세계 3대 투자은행이라고 불릴 만큼 그 규모와 영향력이 큰 회사죠. MSCI 지수는 이 모건스탠리가 1986년 인수한 회사인 캐피털인터내셔널이 작성해 발표하는 지수예요. 영국의 FTSE(Financial Times Stock Exchange·파이낸셜타임스스톡익스체인지) 지수와 함께 국제 금융시장에서 투자 기준이 되는 핵심 지표랍니다.

MSCI는 크게 미국·유럽 등의 선진국지수와 아시아·중남미 지역의 신흥국지수, 프런티어시장 등으로 구분해요. 그 외에도 라틴아메리카·유럽·아시아 등 지역별, 업종별로 세분화돼 있어요. MSCI 신흥국지수에 포함된 한국은 2009년부터 선진국지수 편입에 도전했지만 아직까지 성공하지 못했어요.

그렇다면 왜 선진국지수 편입을 원하는 걸까요? 여러 가지 이유가 있지만 무엇보다 우리나라가 선진국지수에 편입되면 한국 증시가 신흥국에서 선진국 수준으로 올라갔다는 것을 국제적으로 인정받는 계기가 된답니다. 생각해보세요. 여러분이 주식투자를 할 때 국제적으로 경쟁력과 안정성을 인정받는 튼튼한 기업이나 믿을 만한 지수에 투

이것만은 꼭!

• **공매도란?**
주식이나 채권을 가지고 있지 않을 때 매도주문을 하는 것을 말해요. 다른 투자자에게 이를 빌려 매도하고 돌아오는 결제일에 기존 매입자에게 빌린 것을 되갚는 거래방식이에요.

• **기업분할이란?**
인수합병(M&A)의 반대개념으로 기존 회사 사업부에 자본금과 부채를 나눠준 후 새로운 기업을 만드는 것을 말해요. 기업분할에는 물적분할과 인적분할이 있어요.

• **MSCI지수란?**
미국의 투자은행인 모건 스탠리가 발표하고 있어요. MSCI는 23개국 선진국 시장과 28개 신흥시장을 대상으로 각국의 상장된 주식을 업종별로 분류해 종목을 선택해요. 국내에서는 삼성전자, 포항제철 등의 대형 우량종목이 MSCI에 포함돼 있어요. 외국인 투자자들의 역할이 커지면서 그들이 투자의 참고서로 삼고 있는 지표의 움직임에 국내 증시는 민감한 반응을 보여요.

자하고 싶지 않을까요? MSCI 지수에 전 세계 수많은 기업이 편입되고 싶어 하고, 각 국가가 선진국지수에 오르려고 하는 이유도 바로 그 점 때문입니다. MSCI 지수에 들어가는 것만으로도 전 세계 투자자들에게 더 가깝게 다가갈 수 있으니까요.

슬기로운 주식생활 3단계

나도 기업 분석가!

기업 분석은 주식 투자의 하이라이트라고 할 수 있어요. 어떤 회사를 고를 것인지 결정하는 것은 주식 투자의 시작이자 끝이라고 볼 수도 있으니까요. 그만큼 중요한 내용이 이번 단계에 담겨 있답니다. 주식시장은 어떤 요인들에 의해서 영향을 받는지, 외국 증시는 어떻게 돌아가는지도 차근차근 살펴봅시다. 주식에 대한 이해의 폭이 한결 넓어질 거예요.

투자 기업을 골라보자

주가가 오르는 회사와 떨어지는 회사는 무엇이 다를까요?

삼성전자는 세계적으로 알아주는 우리나라의 국가대표 기업이에요. 삼성전자가 만드는 갤럭시 스마트폰은 미국 애플의 아이폰보다 세계적으로 더 많이 팔리죠. 스마트폰을 처음 개발한 곳은 애플인데, 삼성전자는 애플보다 더 잘 팔리는 상품을 만들어 우리나라가 세계 휴대폰 시장을 휩쓰는 데 앞장서고 있어요.

그런데 휴대폰 세계시장에서 이름을 날린 한국 회사는 과거에 삼성전자 말고도 더 있었어요. 팬택이라는 기업은 2000년대 중반까지 국내 휴대폰 시장에서 2위를 차지하던 업체였고 수출도 비교적 잘했어요. 그러나 치열한 경쟁에서 살아남지 못하고 2015년 회사가 망해 다른 기업에 넘어가고 말았답니다. 지금은 팬택이라는 회사 이름을 기억하는 사람이 거의 없을 거예요.

팬택처럼 회사가 망하면 가장 손해를 보는 사람은 그 회사의 직원이겠죠. 그 회사 제품을 쓰던 소비자들도 고장났을 때 제대로 수리하지 못하는 등 어려움을 겪을 것이고요. 그 회사에 돈을 빌려준 은행이나 다른 금융 회사도 돈을 떼일 가능성이 커요. 그러면 그 회사의 주식을 갖고 있는 투자자는 어떻게 될까요? 아마도 투자한 돈을 돌려받지 못하겠죠. 갖고 있던 주식은 그냥 종이 쪼가리일 뿐 아무도 거들떠보지 않습니다.

주식을 산다는 것, 혹은 투자한다는 것은 사

들인 주식의 양(지분)만큼 회사를 소유한다는 뜻입니다. 갖고 있는 지분만큼 회사의 주인이 된다는 의미죠. 그런데 삼성전자처럼 좋은 기업의 주식을 산다면, 다시 말해 삼성전자에 투자한다면 삼성전자가 돈을 벌 때마다 투자자의 주머니도 두둑해집니다. 매년 회사가 벌어들인 이익을 기준으로 배당을 받거나 주식의 가격이 처음 샀을 때보다 올라 판 가격과의 차이만큼 투자수익을 거두게 되죠. 반대로 망해가는 회사의 주식을 산다면 회사가 문을 닫으면서 투자금을 모두 잃게 되겠죠. 그러므로 건전한 투자를 하기 위해서는 투자할 만한 좋은 기업을 골라야 해요.

경제와 산업을 이해하고 투자기업 고르기

좋은 기업은 어떻게 고를까요? 좋은 기업은 돈을 잘 벌고 계속 커나가는 회사입니다. 반대로 나쁜 기업은 돈을 벌지 못하고 계속 쪼그라드는 회사입니다.

많은 경우 어떤 회사 주식의 가격, 즉 주가가 오르는 기업은 좋은 기업일 가능성이 큽니다. 기업이 돈을 잘 벌면 주가도 상승하기 때문이죠.

오랜 시간에 걸쳐 움직이는 주가의 방향을 보면 회사가 좋은 기업인지 나쁜 기업인지 알 수 있습니다.

만일 오래도록 관찰할 시간이 없으면 어떻게

알아두세요

시장이란?

거래가 이뤄지는 곳을 주식에서 시장이라고 불러요. '시장이 좋다'는 말은 주식투자가 괜찮은 날을 의미하고 반대로 '시장이 나쁘다'는 말은 주식투자에 주의가 필요하다는 뜻이에요.

섹터란?

기업의 카테고리나 업종을 말해요. 삼성전자는 반도체 섹터로 불리고 현대차는 자동차 섹터에 속해요.
한 기업이 다양한 섹터를 가질 수 있는데, 주가에 영향을 주는 업종이 주요 섹터가 돼요. 동일한 업종이 모이면 동종 섹터라고 말해요. 그중에서 가장 높은 주가 상승을 보여주는 종목으로 거래가 쏠리는데 '대장주'라고 불러요.
동종 업종 대부분이 주가가 오르면 그 업종을 주도 섹터라고 부르며, 가장 움직임이 좋은 종목을 '주도주'라고 해요.

이 크니까 그 회사의 주식을 사면 안 되겠죠. <mark>투자하기 좋은 기업을 고르려면 우선 한 나라의 경제 상황, 다음엔 주요 산업분야, 그리고 그 분야에서 우수한 기업 순서로 찾아보는 것이 좋습니다.</mark> 기업도 혼자서 사업하는 것은 아니고 나라 전체나 해당 산업의 움직임에 영향을 받기 마련이죠. 그러므로 그런 부분까지 모두 살펴보면서 투자할 만한 기업을 골라야 해요.

우선 나라부터 볼까요. 지구상에 많은 나라가 있지만 투자할 만한 국가는 생각보다 많지 않을 수 있습니다. 아마도 경제가 발달했고 덩치가 큰 나라는 좋은 기업을 많이 갖고 있겠지요. 미국과 서유럽 국가들, 일본 등이 그런 국가들이죠. 기업과 마찬가지로 국가도 세계적으로 다른 나라와 경쟁하니까 꾸준히 성장하는 국가는 투자할 만한 나라일 것입니다.

이런 곳은 주식시장도 발달해 주식투자를 하기도 비교적 쉬울 것입니다. 하지만 외국이다 보니 경제가 어떻게 돌아가는지, 다른 문제는 없는지 등 소식과 정보를 구하기가 쉽지는 않아요. 혹시 소식과 정보, 각종 자료를 만나더라도 해당 국가의 언어, 즉 외국어로 쓰여 있을 가능성이 크기 때문에 판단하기 어려울 거예요. 그래서 많은 투자자는

해야 할까요? 그렇다면 과거의 기록을 토대로 앞으로 어떻게 움직일지 예상해봐야겠죠. 기업의 경영활동 결과와 주가가 꾸준히 좋아지고 있다면 앞으로도 계속 좋을 가능성이 크고, 그렇다면 그 기업에 투자해 돈을 벌 수 있을 것입니다. 반대로 기업의 성적표가 매년 나빠지고 있다면 앞으로도 계속 나빠질 가능성

자신이 속한 나라에 투자할 만한 곳을 찾게 되죠. 물론 국내에서 좋은 기업을 고르더라도 투자할 수 있는 돈의 일부를 해외에 투자해볼 만합니다. 틈틈이 신문과 방송의 뉴스를 보면서 해외 주식시장에 대해서도 공부하는 것이 좋겠죠.

다음은 산업분야입니다. 한 나라를 떠받치는 산업은 여러 가지가 있어요. 우리의 먹거리를 만들어내는 농업부터 시작해 우리가 입을 옷을 제작하는 섬유의류산업, TV 세탁기 에어컨 등을 만드는 전자산업, 우리가 타고 다닐 차를 생산하는 자동차산업, 우리가 살 집을 짓는 건설업, 큰돈을 모으기 위해 예금할 수 있는 은행업, 머리를 깎아주거나 자전거를 고쳐주는 것 같은 서비스업 등 많은 산업이 있죠.

그런데 각 산업도 국가와 마찬가지로 성장하는 산업이 있고 줄어드는 산업이 있습니다. 예를 들어 예전에는 대부분 사람이 농업을 했지만 지금은 농업을 하는 사람보다 서비스업을 하는 사람이 더 많습니다. 옛날에 우리가 많이 수출하던 제품 가운데 하나가 가발이었어요. 당연히 가발회사도 많았습니다. 하지만 지금은 가발을 만드는 곳이 손에 꼽을 정도예요. 예전에는 없었지만 요즈음 많은 사람의 눈길을 끄는 유튜버처럼 새로운 산업이 생기기도 하죠. 전자나 자동차산업처럼 예부터 있었지만 꾸준히 성장하는 산업도 있죠. 또한 경제 상황에 따라 산업분야별로 좋아졌다 나빠졌다 할 수 있습니다. 가령 전염병이 퍼지면 사람들이 여행을 가지 않으니 여행업과 호텔업은 장사가 잘 안 되겠고, 약과 치료제를 만드는 의약산업은 많은 돈을 벌 수 있겠죠. 반대로 2018년 평창동계올림픽처럼 큰 행사가 있으면 외국 손님이 많이 와서 우리나라 호텔들은 돈을 많이 벌 수 있을 거예요.

이처럼 여러 산업분야 가운데 ==앞으로도 계속 성장하는 산업분야에 속한 기업을 찾아 투자한다면 돈을 벌 수 있을 것입니다.== 물론 예전보다 쪼그라들기는 했지만 사람이 먹지 않고는 살 수 없다는 것을 생각해볼 때 농업은 앞으로도 꾸준히 돈을 벌 수 있을 것입니다. 농업분야에서도 여전히 좋은 기업을 찾을 수 있다는 뜻이죠. 또 경우에 따라서는 쪼그라드는 산업분야에서도 투자할 만한 기업을 찾을 수 있어요. 그 산업분야에 있는 기업들이 계속해서 문을 닫으면서 남은 회사가 경쟁자들이 사라져 이익을 볼 수도 있기 때문이죠. 결국 각 산업분야에 대해서도

사업보고서는 어디서 볼까요?

금융감독원 전자공시시스템(dart.fss.or.kr)

워런 버핏 벅셔해서웨이 회장의 주된 일과는 사업보고서를 꼼꼼히 읽는 것이라고 해요. 버핏 회장은 10년치 사업보고서를 읽고 나면 회사의 미래 모습을 예측할 수 있다고 말합니다. 실제로 사업보고서에는 산업의 현황부터 경쟁 상황, 주주 현황까지 기업의 모든 정보가 담겨 있어요.

모든 상장사는 분기마다 사업보고서를 의무적으로 제출해야 해요. 제출하는 시기에 따라 '분기보고서(1·3분기)', '반기보고서(2분기)', '사업보고서(4분기)' 등 명칭은 다르지만 구성은 동일해요. 4분기 사업보고서는 1~4분기 내용을 모두 담고 있어 '연례 보고서(애뉴얼 리포트)'로 불리기도 합니다. 최근 3년치 정도 사업보고서를 비교해 읽으면 기업의 큰 흐름을 이해하는데 도움이 돼요.

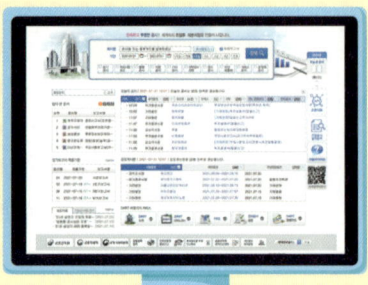

잘 알아보면서 투자를 생각해야 합니다.

투자는 결국 좋은 기업 찾기

투자할 나라와 산업분야를 정했다면 이제는 거기에 속한 많은 기업 가운데 좋은 회사를 고르는 일만 남았습니다. 어쩌면 투자를 하는 데 있어 가장 중요한 일이 될 것입니다. 투자는 나라나 산업을 통째로 사는 것이 아니고 어떤 한 기업의 주식을 사는 것이니까요.

우리나라 전자산업에서 기업을 찾는다고 칩시다. 우리의 전자업체도 상당히 많습니다. 삼성전자와 LG전자처럼 잘 아는 회사도 있지만 낯선 이름의 회사도 많아요. 투자할 기업을 찾기 위해 기업마다 일일이 정보를 찾아보면서 잘 팔리는 제품은 무엇인지, 돈은 잘 버는지, 제품을 팔기는 잘 팔지만 지나치게 싼값에 팔아 돈을 벌기보다 손해를 보고 있는 것은 아닌지 등을 꼼꼼히 따져봐야 합니다. 또 돈을 버는 규모가 꾸준히 커지고 있거나 혹은 계속 줄어들고 있는지, 빚을 지고 있지는 않은지 등 경영 성적표를 잘 살펴봐야 합니다.

이제 이런 기본적인 이해를 바탕으로 투자할 만한 기업과 국가를 고르기 위한 구체적인 방법을 이번 장에서 보도록 해요.

주가의 나침반, 기업 실적

회사의 성적표를
요모조모 뜯어봅시다

여러분 학기 말이나 학년 말이면 생활통지표를 받지요. 생활통지표는 학생들이 얼마나 공부를 잘하고 학교에서 훌륭히 생활했는지를 보여줍니다. 예전에는 성적표라고 불렀는데 점수를 가지고 누가 누구보다 잘했는지를 따지는 일이 바람직하지 않다는 의견이 많아지면서 지금의 생활통지표로 바뀌었어요. 하지만 여전히 교과평가 항목에서는 교과목에 대해 '매우 잘함' '보통' 등으로 표기해 상대적으로 누가 잘했는지를 알 수 있게 해줍니다.

기업도 마찬가지예요. 선생님이 학생을 관찰해 평가하듯이 전체 기업을 평가하는 단 한 명의 누군가가 있는 것은 아니지만, 기업들은 각자의 활동에 대해 때마다 발표합니다. 기업 활동의 상당 부분은 돈으로 평가되기 때문에 숫자로 표현할 수 있죠. 학생들의 성적처럼 기업 실적을 담은 것이 '사업보고서'입니다.

돈 잘 버는 회사가 주가도 올라요

'매우 잘함'이 많은 학생이 좋은 학생이고, 반대로 적은 학생은 나쁜 학생인 건 아니에요. 저마다 차이가 있을 뿐이죠. 하지만 매우 잘함이 많은 학생은 중학교 고등학교 대학교에 진학하고 나중에 직업을 가질 때 남들이 부러워할 만한 좋은 학교에 가거나 훌륭한 직업을 선택할 확률이 높을 거예요. 마

주가는 결국 실적에 따라 움직여요

찬가지로 기업도 실적이 좋으면 돈을 많이 벌었을 테고 번 돈 가운데 일정 부분을 주주들에게 나눠줄 수 있어요. 이런 회사의 주식은 많은 사람이 갖고 싶어할 테니 주식의 가격인 주가가 오를 가능성이 큽니다. 실제로 한국거래소(KRX)에서 거래되는 우리나라 기업의 주식을 보면 대부분 실적이 좋은 기업의 주가가 오릅니다. 주가가 이미 상당히 오른 상태인 기업들은 대부분 실적이 그동안 계속 좋았던 곳이죠.

그런데 실적이 계속 좋다고 해서 그 기업의 주가가 마냥 오르는 것은 아니에요. 학생들이 자라면서 키가 커지지만 어느 정도 크면 더 이상 자라지 않는 것처럼 회사의 주가도 오르다 보면 어느 순간 더 이상 오르지 않는 가격에 이릅니다. 이때 '기업의 가치가 적정 수준에 도달했다'고 흔히들 말합니다.

회사는 주기적으로 성적을 공개해요

기업의 주가가 어떤 범위 안에서 오르고 내리기를 반복하다가 갑자기 그 범위에서 벗어나 더 높은 가격을 향해 오르거나 더 낮은 가격으로 떨어질 수도 있습니다. 이처럼 주가가 크게 달라지는 건 대부분 회사의 사정이 크게 달라졌기 때문입니다. 지금까지 하지 않았던 새로운 사업을 해서 돈을 더 많이 벌 수 있게 됐거나 공장이 폭발해 제품을 생산하지 못하게 되는 등 보통 때와 다른 일이 생긴 경우입니다. 이것 또한 기업 실적에 고스란히 드러나게 됩니다. 기업의 가치가 새롭게 평가되는 것이죠.

==기업들의 성적표인 사업보고서는 1년에 한 번 발표됩니다.== 투자자에게 정확한 정보를 주기 위해 매년 발표하도록 법으로 정해놨어

요. 학생들의 생활통지표는 1학기가 끝날 때와 2학기가 끝날 때 등 한 해 두 차례 평가돼 만들어지죠. 하지만 기업 활동은 6개월마다 실적을 계산하기엔 기간이 너무 짧고, 그렇다고 3년이나 5년마다 하기에는 너무 길어서 1년마다 발표하기로 한 것이에요.

기업들이 1년마다 사업보고서를 작성하긴 하지만 중간중간 실적을 점검하기 위해 3개월마다 따로 보고서를 내기도 합니다. 1월부터 3월까지는 1분기, 4월부터 6월까지는 2분기, 7월부터 9월까지는 3분기, 10월부터 12월까지는 4분기라고 해요. 이처럼 3개월 단위인 '분기'마다 내는 사업보고서를 '분기보고서'라고 한답니다. 또 1월부터 6월까지 반년 동안의 실적을 모아서 따로 내기도 하는데 이걸 '반기보고서'라고 합니다.

사업보고서를 찾아봅시다

그런데 사업보고서는 생활통지표처럼 바로바로 작성할 수가 없어요. 직원을 고용하고 원료를 사서 제품을 생산하고, 우리나라 곳곳으로 상품을 보내서 파는 데까지 많은 시간이 걸립니다. 또 곳곳마다 팔린 것을 다 모아봐야 전부 얼마나 돈을 벌었는지 확인할 수 있겠죠. 다른 나라로 수출한다면 더 많은

 알아두세요

사업보고서 체크 포인트 3

1. 회사의 개요
기업 연혁, 자본금 변동 사항, 주식의 총수, 의결권 현황, 배당 등에 관한 내용이 담겨 있어요. 이 중 사업의 내용은 사업보고서의 가장 중요한 항목이에요.
회사의 주요 제품·서비스를 비롯해 관련 국내외 시장 현황과 회사 사업 부문별 요약 재무 현황, 제품·지역별 매출 현황, 주요 계약, 주요 매출처, 판매 전략 등이 담겨 있기 때문이죠.

2. 분기 보고서
모든 상장기업은 사업연도 말 경과 후 90일 이내에 사업보고서를, 분기·반기 말 경과 후 45일 이내에 반기 보고서(사업연도 개시일로부터 6개월간 보고서) 및 분기 보고서(사업연도 개시일로부터 3개월가 및 9개월간 보고서)를 금융위원회와 한국거래소에 제출해야 해요.
분기·반기 보고서의 기재사항은 사업보고서와 동일합니다.

3. 연결재무제표
모기업과 자회사를 단일 기업으로 간주해 작성한 재무제표를 말해요. 법률적으로는 독립돼 있지만 상호출자나 지분 취득 등을 통해 경제적으로 얽혀 있는 기업들이 많아요. 특히 모기업과 자회사간 내부거래로 매출액 등이 부풀려지는 경우가 많아요. 이때 기업들의 정확한 실적을 알 수 있는 회계정보가 연결재무제표입니다.

시간이 걸리고 복잡할 거예요. 그래서 사업보고서는 1년의 기업 활동이 끝난 뒤 3개월 안에 만들라고 법으로 정해놨어요. 학생들의 한 학년처럼 기업의 1년은 한 '회계연도'라고 하는데, 많은 기업의 회계연도는 1월 1일부터 12월 31일까지예요. 그래서 사업보고서는 이듬해 3월 말까지 작성해 발표하는 것입니다. 기업들의 사업보고서는 금융감독원에 보고하게 돼 있어요. 학생들의 성적이 교육청에 보내져 전국적으로 모이는 것처럼 금융감독원이 모든 기업의 사업보고서를 모으는 것이죠. 누구나 인터넷으로 각 기업의 사업보고서를 볼 수 있는데 다트(DART)라고 불리는 전자공시시스템(dart.fss.or.kr)에서 여러분도 쉽게 찾을 수 있습니다.

숫자를 잘 봐야 해요

생활통지표는 교과평가뿐 아니라 창의적 체험활동과 봉사활동 등도 담고 있죠. 학생들이 학교 공부를 잘하는지만 보는 것이 아니라 자율활동으로 뭔가를 깊이 탐구하거나 동아리를 구성해 또래 친구들과 뜻깊은 일을 하는 등 다양한 활동을 했는지 평가하기 위해서죠. 마찬가지로 기업들의 사업보고서도 다양한 정보를 담고 있습니다. 회사의 역사부터 주식을 소유한 주주들의 구성은 어떤지, 회사를 이끌어가는 사장과 임원 등은 누가 맡고 있는지, 회사가 보유한 다른 회사의 주식은 어떤 것이 있는지 등 자세하게 설명하고 있습니다. 생활통지표만 봐도 학생이 한 학기 또는 1년 동안 얼마나 자랐는지를 알 수 있는 것처럼 기업 사업보고서를 보면 회사가 어떻게 활동하고 커왔는지를 파악할 수 있습니다.

회사의 사업보고서에 많은 정보가 있지만 그래도 가장 중요한 것은 실적을 숫자로 나타내주는 '재무정보'입니다. 재무는 돈의 흐름이라 할 수 있는데 돈을 얼마나 쓰고 얼마나 벌었는지를 숫자로 나타내줍니다. 지난해보다 좋아졌는지 나빠졌는지 숫자를 비교해보면 금방 달라진 점을 알 수 있어서죠. 재무정보에도 여러 항목이 있는데 그 가운데 ==재무상태표와 손익계산서가 특히 중요합니다.==

재무상태표는 회계연도 마지막 날, 그러니까 대부분 회사의 경우 매해 12월 31일 회사의 재무상태가 어떤지를 보여줍니다. 손익계산서는 회계연도 동안, 보통 1월 1일부터 12월 31일까지 1년 동안에 걸쳐 회사의 손익이 어떤지를 나타내죠. 사업을 잘해서 돈을

삼성전자의 재무정보를 들여다볼까요?

SAMSUNG

구분	2020년	2019년
자산	378조2357억원	352조5644억원
부채	102조2877억원	89조6840억원
자본	275조9480억원	262조8804억원
매출	236조8069억원	230조4008억원
영업이익	35조9938억원	27조7685억원
순이익	26조4078억원	21조7388억원

자료 : 금융감독원 전자공시시스템 ※연결재무제표 기준

벌었으면 이익이고, 반대로 잘 못해서 돈을 잃었으면 손해라고 하는데 그 두 단어를 합쳐 손익이라고 하는 것입니다.

재무상태표는 자산과 부채, 자본이 각각 얼마인지를 알 수 있어요. 자산이란 회사가 소유한 건물과 기계 등 눈에 보이는 물건, 은행에 넣어둔 예금처럼 눈에 보이지 않지만 일정한 돈으로 바꿀 수 있는 것, 제품을 생산하기 위해 사놓은 원료 등을 말합니다. 모두 일정한 숫자로 표현할 수 있는 것이죠. "너네는 재산이 얼마야?" 하고 아이들끼리 묻곤 하는데 그때 재산이란 부모님이 소유하고 있는 집과 자동차, 예금, 주식 같은 걸 말하는 것이겠죠. 기업의 자산은 부모님의 재산과 비슷하다고 보면 됩니다.

자산은 자본과 부채를 더한 것

부채는 빚을 의미합니다. 부모님이 돈이 많아서 집을 살 때 바로 사는 경우도 있겠지만 많은 가정은 돈이 조금 모자라서 은행 및 다른 금융회사에서 빌린 돈을 보태서 집을 마련합니다. 집은 부모님의 재산이지만 그 일부에는 빚이 포함돼 있고 언젠가는 갚아야 하는 것이죠. 마찬가지로 기업들도 건물과

땅, 기계, 원료 등을 살 때 어느 정도 빚을 지게 됩니다. 그런 빚을 부채라고 부릅니다.

여기서 잠깐! 자산과 부채에 대한 설명을 듣고 보니 둘 사이의 관계가 어떤지 알 수 있을까요? 네, 맞아요. 자산에는 부채가 포함돼 있는 것입니다. 부모님이 소유한 집의 일부는 은행 빚으로 마련한 것처럼 기업 자산에는 부채도 포함돼 있는 것입니다. 그럼 자산에서 부채를 뺀 나머지는 뭐라고 부를까요? 자본입니다. 부모님 집에서 은행 빚을 뺀 나머지가 순수한 부모님의 재산인 것처럼 기업 자산에서 부채를 제외한 것이 기업의 자본입니다. 그러니까 기업의 자본은 그대로 기업의 것이고, 부채는 남에게서 빌린 남의 것이며, 둘을 합쳐서 기업의 자산이 되는 것입니다.

자산을 잣대로 기업들을 비교할 수 있어요. 자산이 많은 기업은 그만큼 돈이 많다는 뜻이니까 자산이 적은 기업보다 좋은 기업일 가능성이 크죠. 투자하기 위해 주식을 산다면 자산이 적은 기업보다 많은 기업의 주식을 사야 돈을 벌 수 있겠죠. 그리고 매년 자산이 늘어나는 기업은 그전보다 많은 것을 갖고 있다는 의미니까 이런 기업에 투자하면 돈을 벌 가능성이 크겠죠. 자산이 얼마나 늘어나는지로 기업들을 비교해 더 좋은 기업을 찾을 수도 있을 거예요.

좋은 빚과 나쁜 빚

그런데 자산이 많다고 반드시 좋은 기업이라고 할 수는 없어요. 자산에는 부채도 들어 있기 때문이에요. 자산은 큰데 대부분이 빚으로 이뤄져 있다면 기업 자체의 돈, 즉 자본은 적다는 의미겠죠. 두 기업을 비교할 때 한쪽은 자산 규모가 더 크지만 부채가 많고 다른 한쪽은 자산은 다소 적지만 부채도 거의 없어 대부분이 회사의 자본이라면 어느 기업이 더 좋다고 할 수 있을까요? 부채가 많은 기업은 그만큼 빚에 대한 이자를 은행 등에 내야 하기 때문에 주주들에게 나눠줄 돈이 많지 않을 것입니다. 아무래도 자산이 조금 적더라도 부채보다 자본이 많은 기업

의 주가가 더 높을 가능성이 큽니다.

그러니까 자산과 함께 부채가 얼마인지도 비교하면서 투자할 만한 기업을 고르는 것이 좋겠죠. 흔히 사람들은 부채비율이라는 것을 계산해 기업들을 비교하곤 합니다. 부채비율은 부채를 자본으로 나눈 비율이에요. 부채비율이 100%라면 부채와 자본이 같다는 뜻이니까 자산 가운데 절반은 부채, 나머지 절반은 자본이라는 것이죠. 부채비율이 100%를 넘는다는 것은 분자인 부채가 분모인 자본보다 더 많다는 뜻이죠. 자산 가운데 부채가 자본보다 많다는 의미예요. 부채비율이 100%보다 낮으면 부채보다 자본이 많다는 것이고요. 많은 경우에 부채비율이 높은 기업보다는 낮은 기업이 더 좋은 기업일 가능성이 크죠.

물론 빚을 더 내더라도 자산을 크게 가져가는 것이 좋은지, 아니면 자산이 다소 적더라도 빚을 줄이고 회사 자체의 돈인 자본으로 회사를 운영하는 것이 좋은지는 기업 상황에 따라 다를 수 있습니다. 예를 들어 지금

> **+PLUS 용어**
>
> **부채비율이란?**
>
> 기업이 갖고 있는 자산 중 부채가 얼마 정도 차지하고 있는가를 나타내는 비율로, 기업의 재무구조 중 타인자본의존도를 나타내는 대표적인 경영지표에요.
>
> **부채비율 = 부채총계 ÷ 자본총계 × 100**

기업의 건물이나 기계는 많지 않은데 좋은 제품을 개발해 많이 팔릴 가능성이 크다면 빚을 얻어서라도 건물과 기계를 갖춰 더 빨리, 더 많이 생산하는 것이 좋을 수도 있어요. 반대로 제품이 팔리는 것보다 이자를 더 갚아야 하는 상황이라면 가능하면 부채를 줄이는 게 좋을 수도 있겠죠. 결국 ==자산 규모와 부채비율을 기업의 지금 상황과 섞어서 비교하는 것이 가장 좋은 방법이에요.==

매출에서 비용을 빼면 이익이 남죠

손익계산서는 재무상태표와 함께 재무정보를 보여주는 중요한 항목입니다. 재무상태표가 일정한 날을 기준으로 기업의 모습을 보여주는 것이라면 손익계산서는 일정 기간 기업이 한 활동의 결과를 보여줍니다. 회계연도 동안, 즉 대부분의 경우 1월 1일부터 12월 31일까지 돈을 얼마나 벌었는지를 나타내는 것이죠.

손익계산서 안에도 여러 항목이 있어요. 자세히 보면 좋겠지만 우선 매출, 영업이익,

알아두세요

(당기)순이익

❶ 매출액
기업이 일정기간 판매한 총액

❷ (매출)총이익
매출액 – 매출원가

❸ 영업이익
총이익 – 판매비·관리비

❹ 경상이익
영업이익 + (영업외수익 – 영업외비용)

❺ (당기)순이익
경상이익 + (특별이익 – 특별손실) – 법인세

경상이익, 순이익 정도만 알고 있어도 됩니다. 매출은 제품을 팔아서 번 돈 전체를 의미합니다. 제품의 가격과 1년 동안 판 제품의 총량을 곱하면 매출이 나오겠죠. 매출이 크다는 것은 그만큼 그 기업이 다른 기업에 비해 장사를 잘했다는 뜻이니까 더 좋은 기업일 가능성이 커요. 마찬가지로 매출이 매년 크게 늘어나는 기업이 적게 늘어나거나 줄어드는 기업보다 더 좋은 기업일 수 있겠죠. 매출을 비교해서 더 좋은 기업을 골라 투자하면 돈을 벌 가능성이 큽니다.

그런데 제품은 그냥 생겨나는 것이 아니에요. 제품을 생산하기 위해서는 공장과 기계도 있어야 하고 제품의 원료도 사야 해요. 또 제품을 전국 곳곳에 보내 팔아야 하고 잘못된 것이 있으면 고쳐줘야 합니다. 회사일을 하는 직원들에게 월급도 줘야겠죠. 이렇게 기업 활동을 할 때마다 돈이 듭니다. 그것을 비용이라고 하는데 원료를 사는 돈인 원료비, 직원 월급으로 나가는 인건비 등 여러 항목이 있습니다.

==매출에서 이런 비용을 뺀 것을 영업이익==이라고 합니다. 그러니까 제품을 생산해 팔아서 돈(매출)을 받았는데 그 과정에서 쓴 돈(비용)을 제외하고 남은 것이 영업이익입니다. 영업이란 기업의 활동을 뜻하는 단어인데, 많은 경우 돈을 버는 것이 쓰는 것보다 많기 때문에 영업이익이라고 불러요. 만일 매출보다 비용이 많았다면 돈을 번 게 아니라 잃은 것이니까 이럴 때는 영업손실이라고 합니다.

그런데 기업 활동을 하기 위해 돈을 빌리기도 하고 그 대가로 이자를 갚아야 하죠. 건물을 빌리는 비용도 있고요. 이처럼 회사 영업과 관련없이 나가는 비용을 추가로 제외하면 경상이익이 됩니다. 즉 ==영업이익에서 회사 영업과 관계없이 들어가는 비용을 제외한 것이 경상이익==입니다. 또 기업이 돈을 벌면 정부에 세금을 내야 해요. 갑자기 생긴 특별한 비용이 있을 수도 있고요. 그런 것을 제외하고 남는 숫자가 순이익입니다. 즉 ==경상이익에서 세금과 특별한 비용을 빼면 순이익==이 됩니다.

순이익은 기업이 1년간 활동을 하면서 남긴 돈이에요. 제품을 팔아서 돈을 벌었다고 하지만 비용 등을 빼고 실제로 번 것이 이 순이익이라는 뜻이죠. 제품을 팔고 돈이 남았기 때문에 이익이라고 부르는 것이고요. 만일 손해를 봤다면 각각 경상손실, 순손실이라고 불러야겠죠.

이익을 현미경으로 들여다보자

매출 영업이익 경상이익 순이익 등을 기업마다 비교하면 어느 기업이 좋은 기업인지 알 수 있겠죠. 마찬가지로 이들 항목의 수치가 꾸준히 많이 늘어나는 기업이 적게 늘어나거나 아예 줄어드는 기업보다 좋은 기업이겠죠.

자산과 부채비율을 함께 보는 것과 마찬가지로 매출도 각종 이익과 같이 보면서 기업들을 찾아야 합니다.

매출이 더 크지만 순이익이 적은 기업보다 매출은 다소 적더라도 순이익이 큰 기업이 더 좋은 기업일 수 있어요.

영업이익과 경상이익을 함께 비교하는 것은 영업을 통해 얼마나 벌었는지와 이자 등을 얼마나 내는지를 따로 보기 위해서입니다. 마찬가지로 매출과 순이익만 볼 것이 아니라 영업이익과 경상이익이 얼마나 되는지도 볼 필요가 있어요.

예를 들어 두 기업 가운데 매출과 영업이익은 다른 기업보다 큰데 경상이익이 작다면 그 기업은 은행 이자 등을 더 많이 내고 있음을 뜻합니다. 경제 상황에 따라 이자를 얼마나 내느냐가 기업에 얼마나 부담이 되는

알아두세요

경상이익
일정기간에 발생한 비용과 수익으로, 기업경영의 성과를 나타내요. 영업손익에 영업외수익의 합계와 영업외비용의 합계를 가감한 금액으로, 플러스(+)면 경상이익, 마이너스(-)면 경상손실이 됩니다.

순이익
재무제표에서 순이익은 기업이 벌어들이는 순이익을 의미해요. 한 해 동안의 총수익과 한 해 동안의 총비용을 뺀 값이 플러스(+)면 순이익, 마이너스(-)면 순손실이 됩니다.

지 달라질 수 있으므로 이들 다양한 항목을 꼼꼼히 살펴봐야 하는 것이죠.

앞으로 더 성장할 기업을 골라야 해요

당장의 실적이 아주 좋진 않더라도 나중에 좋아질 가능성이 있는 기업은 주가가 많이 오르기도 합니다.

예를 들면 틱톡이 국내에 처음 소개된 2017년 11월만 해도 학생들을 포함해 많은 사람은 카카오톡을 사용했습니다. 아마도 그때 카카오톡의 실적은 틱톡보다 좋았을 것입니다. 두 메신저의 주식이 바로 거래되지 않았으니 주가를 비교하긴 어렵지만, 주가를 알 수 있다면 아마도 카카오톡과 틱톡의 실적 차이만큼 두 회사의 주가가 차이를 보이지는 않았을 것입니다. 처음부터 틱톡의 실적이 좋진 않았지만 금방 좋아질 것으로 기대할 수 있기 때문이죠. 실제로 요즘 초등학생 사이에서는 카카오톡보다 틱톡을 더 많이 사용하는 것으로 알려져 있어요. 이처럼 지금의 실적보다 앞으로 몇 년 사이 더 좋아질 것으로 기대되는 기업의 주가가 높이 오를 가능성이 큽니다. 실적만이 아니라 기업이 커질 가능성, 즉 성장성이 있다면 그 기업의 주식에 투자할 만한 것이죠. 이처럼 실적 말고도 투자하기 좋은 기업을 고르는 데 참고할 만한 게 여럿 있어요.

실적이 아주 좋아지거나 나빠지거나 하지 않고 작게나마 꾸준히 좋아지는 기업은 안정성이 있다고 합니다. 또 주식을 샀다가 언제든지 팔아서 현금을 챙기기 쉬우면 유동성이

알아두세요

성장주는?
현재보다 성장할 가능성이 큰 종목을 말해요. 기업의 장래성이 높고 경영자가 유능하며 업계에서 차지하는 비중이 커서 일시적인 불황에도 흔들리지 않고 매출과 이익금이 높은 수준으로 증가하는 종목이지요.

가치주는?
기업의 순이익이나 자산가치에 비해 가격이 낮은 주식을 말해요. 방어적이며 보수적인 투자의 성격을 지니고 있어요. 가치주에는 시가배당률이 다른 종목에 비해 높거나 소위 '굴뚝주'라는 전통적 제조업체 주식이 주로 포함되지요.

유동성이란?
기업의 자산을 손실 없이 현금화 할 수 있는 것을 말해요. 주식시장에서는 현금 자산의 움직임을 유동성이라고 하며, 유동성 장세는 돈에 의해 움직이는 시장을 의미해요. 거래량이 많다는 것은 그만큼 주식시장에 돈이 많다는 거에요.

알아두세요

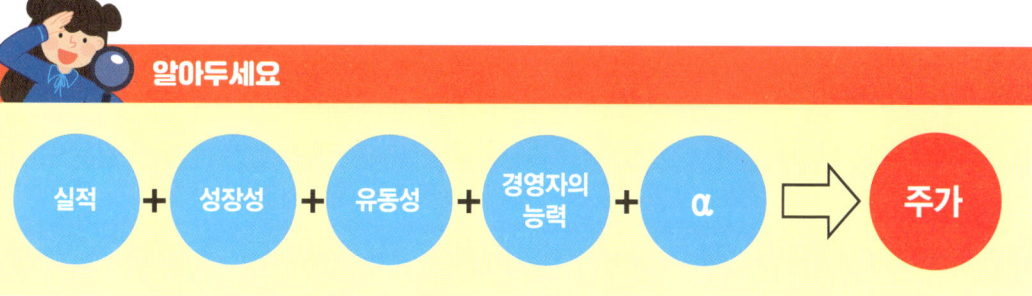

높다고 합니다. 주식시장에서 사고팔기 쉬운 기업이 있고 그렇지 않은 기업이 있는데 언제든지 사고팔 수 있다면 투자하기 좋겠죠. 오래도록 투자하면 좋지만 갑자기 급한 일이 생겨 돈이 필요한 경우를 생각해보면 유동성이 높은 기업 주식을 사는 것이 좋습니다.

숫자 뒤에 숨은 회사의 진짜 모습도 중요하답니다

기업 경영자의 능력도 살펴볼 만합니다. 회사 회장이나 사장 등 경영자가 회사를 잘 이끄는지, 직원들을 마구 부리다 비난 여론이 들끓지는 않는지, 그동안 해오던 사업에 그치지 않고 새로운 사업에 도전해 회사를 키우려 하는지, 자식에게 물려주기 위해 주주 직원 소비자 등은 생각지 않고 회사의 수익을 빼돌리진 않는지 등도 찾아봐야 합니다. 투자하기 좋은 기업을 고르는 것은 결국 주가가 오를 만한 기업을 찾는 것입니다. 다시 말해 지금의 주가가 기업이 가진 수익성 성장성 안정성 등 좋은 가치에 비해 낮게 평가돼 있는 주식을 찾는 거예요.

그것은 마치 생활통지표의 교과평가에서 매우 좋음보다 보통의 개수가 많지만 ==세부능력과 특기사항에 적힌 학생만의 숨겨진 재능, 그리고 그 재능을 잘 기르면 모두가 우러러볼 훌륭한 인물이 될 가능성을 찾아내는 것과 같습니다.== 학생의 숨겨진 재능과 가능성을 찾으려면 그 학생이 수업에 얼마나 열심히 참여하는지, 또래 친구들과 잘 어울리는지, 남들이 생각하지 못한 창의적인 생각을 하는지 등을 관찰해야겠죠.

마찬가지로 투자할 만한 주식을 고르려면 기업이 꾸준히 좋은 제품을 내놓고 있는지, 새로운 사업을 찾아 계속 도전하는지, 환경을 보호하고 사회공헌 활동을 잘하는지 등을 골고루 관찰해야 합니다. 사업보고서만이 아니라 신문 방송의 뉴스, 증권사 등에서 작성하는 기업평가보고서 등을 열심히 찾아봐야 하는 게 이런 이유 때문이에요.

해외 주식으로도 눈을 돌려 보자

미국이나 중국 주식도 살 수 있나요?

투자는 흔히 '황금알을 낳는 거위'를 키우는 것에 비유하곤 해요. 주식 투자를 하는 건 거위농장을 운영하는 원리와 비슷하죠. 농장 주인이 오랜 시간에 걸쳐 거위(주식)를 잘 키우면 비싼 값에 팔 수 있고, 황금알(배당)도 모을 수 있어요. 거위를 잘 키워서 황금알을 모으면 더 많은 거위를 살 수 있게 될 거예요. 그러면 농장에 황금알을 낳는 거위가 계속 불어나겠죠.

그런데 어떤 거위는 사료 먹는 것에 비해 잘 크지 않고 황금알도 잘 낳지 않아요. 이런 거위를 계속 키우면 자칫 사료비도 건지기 어려울 수 있겠죠. 이럴 땐 이웃 마을을 찾아다니며 더 잘 크면서 황금알도 잘 낳는 품종의 거위를 사다 키워야 해요.

주식도 마찬가지랍니다. 우리나라에도 좋은 주식이 많지만, ==다른 나라에 더 좋은 주식이 있다면 당연히 해외 시장에 투자하는 게 좋겠죠.==

세계 주식시장에서 한국 주식시장이 차지하는 규모는 2% 남짓입니다. 세계 주식시장에서 차지하는 국가별 비율은 미국 44%, 중국 9.2%, 일본 7.7%, 홍콩 5.6%, 캐나다 2.8%, 프랑스 3.5%, 독일 2.6% 정도라고 해요. 2018년 통계니까 지금은 조금 달라졌을 수도 있지만, 크게 바뀌진 않았을 거예요.

미국처럼 경제 규모가 크면서도 꾸준히 성장하는 나라의 주식을 살 수 있다면 마음 놓

미국 주요 주식의 티커

에어비앤비	ABNB	코카콜라	KO
아마존	AMZN	넷플릭스	NFLX
애플	APPL	나이키	NKE
델타항공	DAL	화이자	PFE
월트디즈니	DIS	스타벅스	SBUX
페이스북	FB	테슬라	TSLA
인텔	INTC	트위터	TWTR

고 내 돈을 맡길 수 있을 거예요. 주식시장에서 사고 팔리는 회사가 6000개가 넘는다니 한국보다 선택의 폭이 훨씬 다양하겠죠. 아직은 개발도상국이지만 내 키처럼 쑥쑥 자랄 가능성이 높은 주식을 사고 싶다면 베트남, 인도 같은 나라의 주식을 사면 돼요. 어른이 됐을 때 이들 나라의 경제도 쑥쑥 자라서 중진국, 선진국이 돼 있을 가능성이 높아요. 국가가 성장하면 내가 투자한 회사도 그만큼 자라 있을 가능성이 높아요.

해외에 있는 주식을 사면 나는 그 회사의 주인이 되는 거예요. 코카콜라 주식 100주를 샀다면, 100주만큼의 주인이 되는 거죠. 물론 회사 일은 코카콜라 경영진과 직원들이 나를 대신해서 한답니다. 해외 주식을 사면 한국 돈이 해외로 빠져나간다고 생각할 수도 있는데, 내 주식이 쑥쑥 자라서 내가 투자한 돈보다 더 많은 돈을 벌어오면 결국은 우리나라 경제를 살찌게 하는 거랍니다.

Q 해외 주식은 어떻게 찾나요?

A 나와 우리나라를 부자로 만들어주는 해외 주식은 어떻게 사야 할까요. 미국 주식도 컴퓨터나 휴대폰으로 거래가 가능해요. 그런데 미국 회사이다 보니 회사 이름을 영어로 정확히 알기 어려울 수 있어요. 영어를 잘하는 미국 사람들도 비슷하게 느낄 수 있어요. 그래서 미국 주식 이름은 약자를 사용하죠. 디즈니 주식에 관심이 있다면 'Disney'를 찾는 게 아니라 줄임말인 'DIS'를 입력해야 해요. <mark>이렇게 간단히 표시한 줄임말을 '티커'라고 해요.</mark> 주식의 별명인 거죠. 쿠팡은 CPNG, 테슬라는 TSLA, 마이크로소프트는 MSFT처럼 다섯 자 이내로 사용하는 경우가 많아요. 미국 사람들은 주식처럼 사람 이름도 줄여서 부르는 경우가 많아요. 제프리는 제프라고 부르고, 크리스티나는 크리스라고 줄여서 부른답니다. 티커를 알고 싶을 때는 구글 검색창에서 회사 이름을 쳐보세요. 예를 들어 애플 또는 Apple이라고 입

력하면 증권 정보에 AAPL이라고 떠요. 사과보다 회사 이름이 먼저 뜬답니다.

참고로 한국 주식은 티커 대신 회사 이름을 쓰거나 고유번호를 사용해요. 삼성전자라고 입력해 찾아볼 수도 있지만, 노래방 곡 번호처럼 005930을 검색해도 삼성전자가 나옵니다. 한국은 모든 주식에 이렇게 고유번호가 있어요.

Q 미국 증권시장은 몇 시에 열려요?

A 나라마다 시간이 다른 건 알죠? 미국 주식시장을 중심으로 알아볼까요. 한국 증권시장은 오전 9시부터 오후 3시30분까지 주식 거래를 한답니다. 미국은 우리나라보다 30분 늦은 오전 9시30분부터 오후 4시까지 거래해요. 한국과 미국 거래소가 있는 뉴욕은 14시간 차이가 나죠. 미국 증권거래소의 개장 시간을 한국 시간으로 환산해 보면 오후 11시30분부터 오전 6시까지예요. 미국 주식을 사려면 밤 11시30분에 주식창으로 들어가서 사야 해요.

하나 더 기억해야 할 게 있어요. 미국은 서머타임이란 제도를 시행하고 있어요. 매년 3월 둘째 주 일요일부터 11월 첫째 주 일요일까지 시간이 한 시간 앞당겨져요. 이때는 시차가 14시간에서 13시간으로 줄어들어요. 미국 주식시장도 한국시간 기준으로 밤 10시30분부터 오전 5시까지 열린답니다. 허, 참! 시차도 헷갈리지만, 꿈나라로 들어가 있을 시간에 미국 시장이 개장한다니 머리가 아파지네요.

밤늦게까지 주식시장을 들여다보면 다음날 학교 가서 졸릴 게 뻔한데 말이죠. 이럴 땐 예약 매매를 이용하면 돼요. 장이 열리기 전에 매매가격과 주식 수 등을 표시해 사거나 파는 걸 예약하는 건데, 편하긴 하지만 다음날 주식시장 움직임이 내가 예약한 가격과 다르면 거래가 안 될 수도 있어요. 미국 주식시장은 매력적이지만 매매 거래가 한국 주식시장에 비해 불편하다는 게 흠이네요.

> **+PLUS 용어**
>
> **환율이란?**
> 외국 돈을 살 때 지불하는 가격을 말해요. 환율을 표시할 때는 외국돈 1단위당 원화의 금액으로 표시해요.

Q 어떤 주식을 사야 좋을까요?

A 해외 주식을 찾는 방법까지는 알게 됐는데, 어떤 주식을 사야 할지 고민이죠. 한국 회사는 이름만 들어도 큰지 작은지, 뭘 만드는 회사인지, 주식 가격은 얼마인지, 사장은 누구인지 쉽게 찾아보고 이해할 수 있어요. 그런데 해외에 있는 회사를 내가 알 리가 없으니 막막하죠. 이럴 땐 내가 생활하는 주위를 살펴보세요. 의외로 글로벌 기업이 만든 상품을 내가 많이 사용하고 있다는 걸 알게 될 거예요.

친구들과 뛰어놀다가 목이 말라 마신 코카콜라, 주말에 엄마 아빠와 같이 본 넷플릭스 영화, 아기 때부터 엄마가 발라주던 존슨앤드존슨 크림, 엄마가 세탁할 때 사용하는 P&G 세제, 가족들이 해외 나들이 갈 때 타고 가는 보잉 비행기, 내가 항상 들고 다니는 애플 아이폰, 어렸을 때부터 즐겨본 디즈니 영화, 아빠가 사고 싶어 하는 테슬라 전기차, 주말이면 시켜 먹는 피자헛 피자. 이렇게 생활 속에서 찾아보면 글로벌 회사가 만든 제품과 서비스를 의외로 많이 사용하고 있다는 걸 알고 깜짝 놀라게 될 거예요. ==내가 많이 쓰는 상품을 만드는 회사부터 관심을 가져보면 주식 투자가 한층 쉬워질 거예요.==

Q 주식 가치는 어떻게 알아봐요?

A 주식은 회사의 가치를 반영해 값이 오르거나 내리는 성향이 있어요. A라는 회사가 지난 몇 년 동안 꾸준히 돈을 벌어 왔는지, 아직은 돈을 못 벌고 있지만 앞으로는 큰돈을 벌 가능성이 있는지를 봐야 해요. 이런 내용은 재무정보와 시장 상황 등을 종합적으로 살펴봐야 알 수 있어요. 시험 본 뒤 성

알아두세요

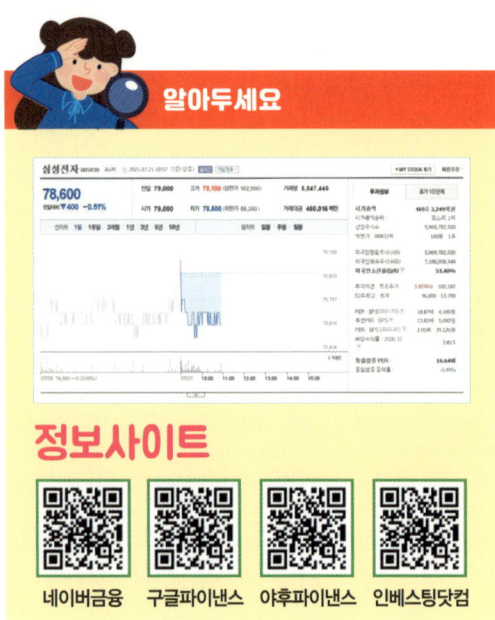

정보사이트
네이버금융 | 구글파이낸스 | 야후파이낸스 | 인베스팅닷컴

코카콜라 10년 주가흐름
2012/01 2015/01 2018/01 2021/01

적표를 받아보면 과목별 점수와 석차가 나오듯이 회사도 재무제표라는 성적표를 보면 경영을 얼마나 잘했는지 알 수 있답니다.
코카콜라를 즐겨 마시고 있으니 코카콜라 주주가 돼야겠다고 마음먹었다면 이 회사의 지난 수년간 성적표(재무제표)를 살펴보세요. 수년간 안정적으로 돈을 잘 벌었다면 일단은 합격이에요.

다음으로 검증할 것은 미래에 대한 전망이죠. 소비자들이 그동안은 코카콜라를 즐겨 마셨는데, 갑자기 경쟁사 제품이 더 잘 팔리면 회사 수익이 줄어들 수 있어요. 요즘 사람들은 건강을 많이 생각하니까 콜라 같은 음료보다는 몸에 좋은 건강음료를 즐겨 마시게 돼도 제품이 덜 팔릴 수 있을 것입니다. 그런데 코카콜라도 이에 대응해서 건강음료를 만들기 시작하면 일단 안심이고요. 코카콜라 주식을 성인이 될 때까지 가지고 있겠다고 생각한다면 더 먼 미래를 살펴봐야 할 거예요.

Q 회사 관련 정보는 어디서 찾아요?

A 회사 관련 정보는 인터넷을 서핑하면 쉽게 찾을 수 있어요. 요즘은 일반 투자자도 증권 전문가들이 필요로 하는 정보 못지않게 많은 정보를 접할 수 있어요. 삼성전자에 대한 내용이 궁금하다면 네이버금융(finance.naver.com/)에서 '삼성전자'라고 입력해보세요. 최근 10년치 주가가 어떻게 움직였는지 그래프로 다 보여줘요. 당연히 오늘 거래되

는 내용과 투자자별 매매동향, 뉴스와 공시, 종목 분석, 종목 토론실까지 아주 자세히 알 수 있어요. 네이버금융은 주로 한국 주식에 대한 내용을 다루고 있어요.

해외 주식에 관심이 있다면 인베스팅닷컴(investing.com)에 들어가 보세요. 가령 요즘 한창 관심을 받고 있는 메타버스 관련 주식 '로블록스'에 대해 알아보고 싶다면 그냥 한글로 '로블록스'라고 검색해 보세요. 그러면 티커가 RBLX라고 떠요. 클릭하면 로블록스의 오늘 주가부터 과거 주가 흐름까지 모두 볼 수 있어요. 일반 정보 외에도 각종 그래프와 관련 뉴스, 재정상황, 기술적인 분석 등을 살펴볼 수 있어요. 인베스팅닷컴에서는 한국부터 미국, 유럽, 중동, 아시아, 아프리카 주식 상황까지 다 찾아볼 수 있어요. 영어라서 이해가 어려울 거라고 겁먹지 마세요. 영어뿐만 아니라 한글로도 서비스돼 매우 편리하답니다.

이 밖에 구글파이낸스(google.com/finance/), 야후파이낸스(finance.yahoo.com/) 등도 다양한 정보를 제공한답니다. 이 세 곳을 방문하면 적지 않은 정보를 접할 수 있을 거예요.

Q 실제로 거래는 어떻게 하지요?

A 위 세 곳에서 내가 원하는 종목에 대한 분석을 충분히 했다면, 이번에는 실제로 주식을 사 볼까요. 해외 주식이니까 별도 사이트가 있을 것 같지만 실은 그렇지 않아요. 한국 증권사 사이트에 들어가면 해외 주식도 한국 주식과 비슷하게 거래할 수 있어요.

먼저 증권사에서 계좌를 만들어야 해요. 그리고 은행에 저축해 둔 돈을 증권 계좌로 옮겨 담습니다. 이렇게 주식을 사기 위해 맡겨두는 돈을 예탁금이라고 불러요. 증권 거래 계좌 개설과 현금 입금 후 거래를 위한 '트레이딩'에서 '해외주식'으로 분류된 항목에 들어가면 준비는 다 된 거예요. 그리고 내가 원하는 주식을 검색하면 한 주당 가격과 거래량 등이 뜬답니다. 이곳에서 사기도 하고 팔기도 해요.

한국에서 인기 많은 미국 주식은?

1. 테슬라 (TSLA)
2. 게임스탑 (GME)
3. 애플 (AAPL)
4. AMC 엔터테인먼트 (AMC)
5. 처칠캐피탈 (CCIV)

※2021년 상반기 결제액 기준, ETF 제외.
자료: 한국예탁결제원

알아두세요

해외주식도 양도소득세를 신고해야 합니다. 양도소득세가 무엇인지 알아볼까요?

양도소득세란?

땅, 건물 같은 부동산이나 주식과 같은 금융상품을 팔고 얻는 이익(소득)에 붙는 세금입니다. 양도는 다른 사람에게 물건을 넘겨주는 것을 말해요.

❶ 대상
1월 1일부터 12월 31일까지 발생한 이익과 손실을 합산한 금액이 양도세 부과 대상 과세표준. 과세표준에서 증권사 매매수수료 등을 제외하고 소득이 250만원을 넘으면 초과분에 대해 22% 양도소득세를 내야합니다.

❷ 신고 및 납부
5월 중, 확정신고 및 납부

❸ 신고 방법
홈택스에서 직접하거나 증권사의 대행서비스를 이용해 신고 및 납부 절차 진행하면 됩니다.

여기서 주의해야 할 게 하나 있어요. 이곳에서 보이는 주식 가격은 미국 현지와 15분 차이가 나는 가격이에요. 내 컴퓨터에는 분명 20달러라고 표시돼 있어서, 20달러에 사겠다고 매수 주문을 해도 거래가 안되는 경우가 있어요. 15분 사이에 가격이 변했기 때문이죠. 이럴 땐 위에 소개한 인베스팅닷컴이나 구글파이낸스, 야후파이낸스에 들어가서 보면 실시간으로 주식 가격 변화를 확인할 수 있어요.

Q 달러가 있어야 살 수 있는 건가요?

A 주식을 사기 위해 증권사에 맡겨둔 돈을 예탁금이라고 불러요. 그런데 궁금한 게 생겼어요. 한국 돈으로 미국 주식을 살 수 있을까요. 결론은 '가능하다'입니다.

해외 주식을 살 때는 해당 국가의 돈으로 바꿔서 주문해야 해요. 그렇다고 돈을 바꾸기 위해 은행에 다녀오지 않아도 돼요. 증권사 거래 시스템에 들어가서 주문하면 각 나라에 맞는 돈으로 환전할 수 있답니다. 예를 들어 10달러짜리 미국 주식 10주를 주문하면 원화로 환산한 숫자가 뜬답니다. 그러면 내가 증권사에 맡겨둔 돈만큼을 주문할 수 있어요. 참고로 주식은 환율이 낮을 때 사면 유리해요. 환율이 1달러당 1000원이라면, 1만원으로 1달러짜리 주식 10주를 살 수 있어요. 그런데 환율이 1500원으로 올랐다면 6.6주밖에 살 수 없어요. 반대로 내가 가지고 있는 미국 주식을 팔 때는 환율이 높을수록 이익이죠. ==환율이 높을 때 주식을 팔면 주식 차익과 함께 환율 차이로 생기는 이익도 거둘 수 있답니다.==

이런 지표를 눈여겨 보세요

주식시장은 여러 경제지표들과 연결돼 있어요

주식시장은 살아있는 생물 같아요. 순간순간 가격이 변하고, 주식 주인도 계속 바뀌니까요. 주식시장이 어떤 때는 조용하다가 어떤 때는 파도치듯 요란하고, 어떤 때는 로켓처럼 치솟았다가 어떤 때는 낙하산처럼 급락하기도 한답니다. 주식이 오르내리는 이유는 무척 다양해요. 기본적으로 기업의 수익성이나 성장 가능성 등의 영향을 받지만 시장을 둘러싸고 있는 각종 경제지표의 변화에 따라 주식시장이 움직인답니다. 경제지표와 주식시장은 긴밀하게 연결된 듯 함께 움직이는 성향을 보여요. 경제지표가 꾸준히 좋으면 주식도 상승 그래프를 그리다가, 안 좋은 일이 생기면 주식시장이 폭락하기도 해요. 그래서 주식을 잘하려면 경제 흐름을 폭넓게 바라보고 공부해야 해요.

주식시장에 영향을 주는 대표적 경제지표로는 국내총생산, 원자재시장, 부동산시장, 경기종합지수, 국제수지, 환율, 물가, 금리 등이 있어요. 이 같은 요소들이 맞물려서 상호작용을 하면서 주가에 좋은 영향을 주기도 하고 나쁜 영향을 주기도 한답니다. 때로는 주식시장이 이들 경제지표에 영향을 주기도 해요. 그래서 주식시장 자체도 경제지표 중 하나라고 보면 돼요. 주식시장은 경제가 좋아지기 전에 먼저 오르는 경향이 있어요. 그래서 주식시장이 오르고 내리는 모습을 보면서 앞으로의 경제를 전망하기도 한답니다. 경제 지표들이 주식시장에 어떤 영향을 주는지 하나씩 살펴볼까요.

경기종합지수

경제는 마치 놀이공원의 롤러코스터가 오르락내리락하듯이 끊임없이 흐름을 타면서 움직입니다.

이런 현상을 경기라고 말해요. 경기종합지수는 이러한 경기 동향을 쉽게 파악하고 예측하기 위해 주요 경제지표의 움직임을 종합해 숫자로 보여주는 것이랍니다. 이 숫자는 생산·소비·투자·고용·금융·무역 등 주요 지표들의 지난달 치와 비교해서 계산해요.

결과값이 지난달보다 올라가면 경기가 좋아진 거고, 줄어들면 경기가 나빠졌다는 뜻이에요. 경기종합지수는 선행종합지수와 동행종합지수, 후행종합지수가 있어요. 선행은 앞서가기, 동행은 함께가기, 후행은 뒤따라가기로 이해하면 돼요.

선행지수는 경기보다 먼저 움직이기 때문에 선행이라는 말이 붙었어요. 대표적으로 주가지수가 여기에 해당해요. 주식이 오르면 경기가 좋아질 것이라고 예측하는 이유가 이것이죠. 동행지수는 경기와 같이 움직여요, 후행종합지수는 경기보다 뒤늦게 나타나는 성질이 있어요.

경기가 바닥으로 내려가면 침체기, 위로 올라가면 회복기, 가장 좋은 상태가 유지되면 호황기라고 해요. 그러다 경기가 다시 나빠지기 시작하면 하향기를 거쳐 침체기로 내려가는 경기순환을 반복한답니다. 그래서 경기 사이클은 회복기~확장기~후퇴기~침체기 정도로 구분해요.

이것만은 꼭!

- **경기선행지수란?**
  3~6개월 후의 경기흐름을 가늠하는 지표로, 지수가 전월보다 올라가면 경기상승, 내려가면 경기하강을 의미해요.

- **경기동행지수란?**
  현재의 경기 상태, 동향을 파악하고 예측하는 경기종합지수로, 각종 경제지표들의 전월 내지는 전년 같은 기간대비 증감률을 합성해 작성해요.

- **경기후행지수란?**
  현재의 경기를 나중에 확인하기 위해서 작성되는 지표로, 재고지수, 비농가 실업률, 도시근로자수 등 지표를 사용해요.

주가도 이런 사이클을 따라 변화하겠죠. 이런 현상이 얼마나 오래가고, 언제 일어나는지를 정확히 예측하기는 쉽지 않습니다. 경제학자들은 각종 지표와 통계 등을 활용해 경기가 지금 어디쯤 와 있는지를 전망하곤 한답니다. 주식에 투자할 때도 경기 흐름을 잘 읽어야 주식을 싼값에 사서 비싼값에 팔 수 있답니다.

국내총생산(GDP)

국내총생산(GDP)은 한 나라의 경제 수준을 보여주는 지표랍니다. 우리나라 안에서 가계, 기업, 정부 등의 경제 주체가 일정 기간 생산 활동을 통해 만들어낸 부가가치나 생산물을 시장가격으로 평가한 합계치예요. 한국인이건 외국인이건 따지지 않고 우리나라 안에서 일어난 모든 소득만 더하는 거예요. 국내총생산은 각 국가의 생활수준이나 경제성장률을 분석할 때 활용한답니다. 국내총생산이 늘어나면 그만큼 돈을 많이 벌어 부자가 됐다는 뜻이에요.

이 말은 경제활동을 하는 기업들도 그만큼 돈을 많이 벌었다는 뜻입니다. 돈을 잘 버는 회사는 주식값도 올라가고, 그런 회사들이 모여 있는 주식시장도 좋아질 거예요. 그래서 몇 년간의 국내총생산 변화 그래프를 그려보면 주가지수와 비슷한 흐름을 보인답니다.

물론 국내총생산은 안정적으로 움직이지만, 주가지수는 오르락내리락 변동성을 보이면서도 국내총생산 그래프와 비슷한 방향으로 움직이게 되죠.

국내총생산이 꾸준히 오르는 나라는 주가도 꾸준히 오른다는 뜻입니다. 멀리 보고 주식 투자를 한다면 국내총생산이 꾸준히 늘어나는 나라를 택하면 될 거예요.

국제수지

우리나라는 자원이 많지 않아요. 그래서 해외의 다양한 나라와 물건을 사고팔아서 이익을 남겨야 해요.

해외에 파는 걸 수출, 사 오는 걸 수입이라고 하죠. 수출과 수입을 통해서 외국에 내주는 돈보다 벌어오는 돈이 많으면 무역수지 흑자라고 하고, 쓴 돈이 더 많으면 무역수지

적자라고 해요.

우리나라가 해외에서 돈을 벌어들이는 방법은 물건을 해외에 수출하거나, 외국인 관광객을 유치하거나, 외국인들이 국내에 공장을 짓고 투자하게 하는 것들이에요.

반면에 우리가 쓰는 돈은 해외에서 물건을 사 오거나 해외여행을 가서 쓰는 돈, 유학비용 등으로 해외로 내보내는 돈이 여기에 해당해요.

외국과의 거래에서 돈을 많이 벌어오면 국내 기업들이 부자가 된다는 뜻이에요. 돈을 많이 벌어서 회사가 커지면 물건을 더 많이 만들어야 하니까 일자리가 늘어나요. 월급 받는 사람이 많아지면 국민소득이 증가하겠죠. 돈 잘 버는 회사는 주가도 쑥쑥 올라가요. 삼성전자 주가가 올라가는 건 해외시장에서 많은 돈을 벌어오고 있기 때문이에요. 그 덕분에 삼성전자에서 일하는 사람들도 월급을 많이 받게 되는 거랍니다.

돈을 많이 벌어온다고 모두 좋은 일만 있는 건 아닙니다.

해외의 돈이 우리나라로 많이 들어오면 물가가 올라요. 사고 싶은 물건은 늘지 않았는데 돈이 더 많이 풀려 있으니까요.

우리나라가 돈을 많이 벌어 온다는 뜻은, 교역하는 상대방 나라는 계속 손해를 본다는 뜻이랍니다. 그래서 국가 간 아옹다옹 싸움이 생기기도 해요. 가장 좋은 방법은 무역수지가 어느 정도 균형을 이루는 것이에요.

이것만은 꼭!

- **국내총생산(GDP)**
  일정 기간 동안 한 나라의 국경 안에서 생산된 모든 최종생산물의 시장가치로, 한 국가의 경제수준을 나타내는 지표

- **국제 수지**
  일정 기간 동안 한 나라와 다른 나라 사이에서 이루어진 경제적 거래를 체계적으로 집계한 것

- **환율**
  외국 돈과 우리돈의 교환 비율

환율

각 나라에는 중앙은행이 발행하는 돈이 있어요. 한국은 원화를 쓰고, 미국은 달러화를 쓰고, 일본은 엔화를 쓰고, 유럽은 유로화를 사용하고 있습니다. 그런데 미국 여행을 가고 싶을 땐 어떻게 하죠? 원화를 달러로 바꿔서

가야겠죠. 나라마다 서로 다른 단위의 돈을 쓰고 있기 때문이랍니다. 이럴 때를 대비해 환율이란 개념이 있어요. 돈의 교환비율인 거죠. 미국 돈 1달러는 요즘 한국 돈 1150원 정도와 바꿀 수 있어요.

수출과 수입을 하는 회사는 환율 변동에 따라서 웃기도 하고 울기도 해요. 수출하는 기업 입장에서 1달러 가격이 1000원에서 2000원으로 올랐다고 가정해봅시다. 외국인들은 1달러로 물건을 1000원어치 살 수 있었는데, 환율이 오르면서 2000원어치를 살 수 있게 돼요. 외국인들은 한국 물건값이 그만큼 싸졌으니까 한국 기업의 물건을 더 사가려고 할 거예요. 그래서 환율이 오르면 수출하는 기업은 상품이나 서비스를 많이 팔게 되니까 이익이 많아져요.

+PLUS 용어

물가란?

다수 상품의 개별적 가격을 의미하는 것이 아니라, 사회 전체의 입장에서 전체 상품을 평균한 개념적 표현

수입하는 기업은 1000원으로 1달러어치 물건을 살 수 있었는데, 달러값이 올라가면서 50센트어치 물건밖에 살 수 없게 돼요. 그럼에도 필요하다면 물건값을 두 배를 주고라도 수입하게 되는 거죠. 이렇게 달러값이 높아지면 수입물가가 오르고, 소비는 줄어들면서 경제에 부정적인 영향을 끼치게 돼요. 환율 변동은 이렇게 우리 생활에 직접적인 영향을 끼쳐요. 특히 주식시장은 말할 것도 없어요.

경제가 안정적일 때는 환율이 주가에 미치는 영향이 크지 않아요. 그런데 경제가 위기를 맞을 때는 환율이 심하게 오르고 주식시장은 크게 떨어지는 현상이 벌어집니다.

환율의 급격한 변화가 생기면 주식시장도 상당 기간 내려가기 때문에 환율의 움직임을 잘 살펴봐야 해요.

물가

엄마가 "1만원 들고 시장에 가니 물건값이 비싸져서 살 게 없네"라고 푸념하는 소리 들어본 적 있나요. 물가는 생활에서 차지하는 중요도에 따라 여러 상품의 가격 평균을 낸 값이랍니다. 그 값을 지난해와 비교해보면 올랐는지 내렸는지 알 수 있어요. 물가는 경제의 체온계 역할을 합니다. 기본적이면서도 중요한 수치라는 뜻이지요. 물가를 알면 경제가 얼마나 건강한지 알 수 있습니다. 물가는 천천히 조금씩 오르는 게 가장 건강하고 좋은 모습이랍니다. 안정적으로 오르면 주가에도 긍정적인 영향을 줘요.

물가가 갑자기 빠르게 오르면 인플레이션 현상이, 심하게 내리면 디플레이션 현상이 발생하면서 경제에 나쁜 영향을 끼치게 됩니다. 용돈은 그대로인데 물가만 10% 오르면 어떤 일이 벌어질까요. 예전엔 1만원으로 1000원짜리 아이스크림 10개를 사 먹을 수 있었는데, 물가가 10% 올라 아이스크림값이 1100원이 되면 9개 정도밖에 사 먹을 수 없게 됩니다. 아이스크림 회사는 더 비싸게 팔 수 있으니 좋겠지만요.

물가가 오르는 이유는 물건을 파는 사람보다 사는 사람이 더 늘어났기 때문이에요. 지난해 코로나로 마스크값이 크게 오르고 구하기 힘들었던 적이 있었죠. 마스크를 만드는 회사는 적은데, 마스크를 사겠다는 사람이 엄청 늘어났기 때문입니다. 마스크값이 크게 뛰자 마스크를 만들어서 돈을 벌겠다는 기업이 늘기 시작했어요. 그리고 얼마 후 마스크값은 거짓말처럼 제 값으로 돌아왔습니다.

물가가 오르면 땅이나 제품 같은 실물자산을 많이 가지고 있는 기업이 유리해요. 물가는 주가와 비슷하게 움직이는 성향이 있어요.

> +PLUS 용어
> **금리란?**
> 원금에 지급되는 기간당 이자를 비율로 표시한 것으로, 같은 의미로 '이자율'이라고 표현

금리

2020년 초 코로나 충격으로 주가가 크게 떨어졌어요. 그런데 얼마 후 주가가 코로나 이전보다 더 올랐어요. 경제 전문가들은 한때

비정상적으로 오른 주가가 다시 내려갈 것이라고 전망했지만, 주식시장은 아직도 코로나 이전보다 높은 수준을 유지하고 있어요. 알고 보니 돈이 시장에 많이 풀려서라고 해요. 정부가 코로나로 힘들어진 사람들을 돕기 위해 많은 돈을 지원해줬어요.

게다가 금리가 매우 낮아서 돈이 갈 곳을 잃었어요. 금리란 돈을 빌려쓴 대가로 주는 값이에요. 금리가 높을 때는 주식이나 채권 등에 투자하는 사람도 있지만 안전한 은행에 맡겨 이자를 받는 경우가 많았어요. 외환위기 때는 금리가 연 20%를 넘어간 적이 있어요. 1억원을 은행에 맡기면 이자로 매년 2000만원 이상을 줬어요. 그 후에도 연 6~7% 금리를 주는 시절이 있었죠. 그런데 지금은 은행에 돈을 맡겨도 이자율이 연 1% 안팎이죠. 1억원을 맡기면 1년 이자가 100만원 정도예요. 돈의 가치가 그만큼 떨어지면서 갈 곳 잃은 돈이 증권과 부동산시장으로 흘러 들어갔어요. 경제 상황이 어려운데도 주식시장이 크게 오른 데는 낮은 금리가 한몫했다고 봐도 지나친 말은 아니죠.

일반적으로 금리가 오르면 돈을 빌리는 값이 오르기 때문에 주가는 내려가요. 금리가 내려가면 돈을 빌리는 값이 내려가기 때문에 주가는 오르는 성향을 보입니다. 그렇다고 금리와 주가가 반드시 반대로만 움직이는 것은 아니에요. 금리가 올랐다는 건 경제가 좋아졌다는 뜻이기도 하니까요. 뜨거워진 경기를 식히기 위해 금리를 활용한다는 말이죠. 금리가 내려도 주가가 내리고, 금리가 올라도 주가가 오르기도 합니다. 주가와 금리는 때론 깊은 관련성이 있고, 때론 별개로 움직이는 묘한 관계랍니다.

원자재 시장

원유·구리·철·곡물 같은 원자재 가격은 주식시장을 가늠할 수 있는 중요한 지표가 돼요. 인도네시아에서 산불이 나면 목재값이 오르고, 브라질 광산에서 노동자들이 일을 못 하겠다고 파업하면 구리값이 올라요. 세계 곳곳에서 일어나는 사건들이 원자재값의 변화를 불러오면서 주

원자재가격정보

※2021년 07월 20일 기준

품목	거래소	연도월	단위	가격	등락폭	등락률	주기
두바이유	싱가포르(FOB)	현물	USD/bbl	71.68	▼1.5	−0.69	일간
액화천연가스	한국(수입가 CIF)	현물	USD/ton	459.70	▲51.91	+12.73	월간
전력용 연료탄 Global Coal Index	호주 뉴캐슬	현물	USD/ton	146.22	▲2.13	+1.48	주간
고철 생철	한국 서울(도매가)	현물	KRW/ton	520,000.00	▲50,000	+10.64	월간
철광석 Fines	중국(수입가 CFR)	현물	USD/ton	221.04	▼1.39	−0.18	일간

식시장에도 영향을 끼친답니다. 경제 전문가들이 뉴스를 꼼꼼히 읽는 건 이런 이유 때문이죠.

원자재값은 다양한 사건에 따라 움직이기도 하지만, 보통 경기에 따라 가격이 오르락내리락해요. 경기가 좋아지면 값이 오르고, 나빠지면 값이 떨어진답니다. 원자재시장을 잘 살펴보면 앞으로 경기가 어떻게 움직일지 예측할 수 있어요. 특히 구리값이 오르면 경기 상승의 신호탄으로 봅니다. 구리값이 꾸준히 오르면 경기가 좋아질 것이란 청신호로 해석하는 사람들이 많아요. 구리는 새로운 생산시설을 짓는 데 많이 필요하기 때문이죠. 경기가 좋아진다는 신호를 받았다면 경기선행지수인 주식시장도 오를 준비를 할 겁니다. 경기가 좋아질 때 소비가 늘어나는 또 하나의 대표적인 원자재는 원유예요. 소비가 늘면 가격이 오르고, 생산이 따라서 늘게 되는 거지요. 물론 공급이 너무 많아지면 경기가 좋아져도 기름값은 떨어지기도 해요. 일반 원유보다 생산원가가 높은 미국 샌드오일(모래에서 빼내는 기름) 생산을 재개할 때가 한 예죠.

이 밖에도 경기흐름에 따라 오르고 내리는 게 많아요. 부동산은 대체로 주가지수와 비슷하게 움직여요. 쓰레기 배출량이 늘어도 경기가 좋아질 것이라고 짐작할 수 있어요. 소비가 늘고 있다는 뜻이니까요. 주식에 투자할 때 일상 속에서 경제 현상을 관찰해 보면 재미있는 힌트가 많답니다.

'데이터의 바다'에서 알짜 정보를 골라내자

여러분도 이제 투자에 대해 어느 정도 알게 됐어요. 그런데 투자 결정에 필요한 정보는 어디서 얻을 수 있는지 궁금해질 거예요. 요즘은 인터넷이 발달해서 다양한 정보를 온라인 검색을 통해 얻을 수 있답니다. 인터넷에서 여러분이 관심을 갖고 있는 기업을 검색해보면 잘 정리된 정보를 볼 수 있을 거예요. 이번에는 투자하고 싶은 기업 정보를 어떻게 찾는지 알아보고, 전체적인 투자 정보와 시장 흐름을 파악하는 방법을 알아볼게요.

기업 정보 찾기

우선 여러분이 가장 많이 검색하는 네이버를 활용하는 방법이 있어요. 네이버 메인화면에서 '증권'을 눌러보세요. 이 페이지에는 주식 투자와 관련한 다양한 정보가 있어요. 주요 뉴스나 오늘의 증시 상황, 돈 잘 버는 펀드, 환율 등을 보여줍니다. 여러분이 찾고자 하는 기업을 검색창에 넣으면 앞에 '티커'와 함께 기업의 이름이 보입니다. 이 기업을 클릭해 들어가면 기업의 정보를 한눈에 볼

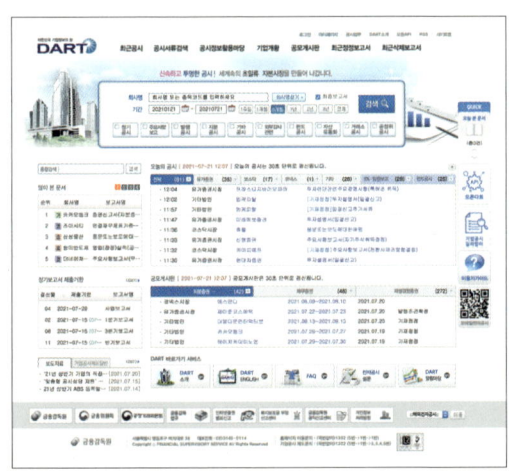

수 있어요. 여기서 여러분이 봐야 할 곳은 오른쪽에 있는 '투자정보'와 중간에 있는 '뉴스공시', '전자공시'입니다.

투자 정보는 여러분이 이 기업에 투자해야 할지를 알려주는 지표입니다. 상장주식 수나 수익률과 같은 정보를 담아놓은 곳이에요. 뉴스공시는 여러분이 검색한 기업과 관련된 뉴스를 모아서 보여줍니다.

금융감독원 DART 이용하기

전자공시는 앞서 실적을 설명할 때 나왔던 **금융감독원 전자공시시스템(DART·다트)을 활용**하면 돼요. 여기서 공시라는 말을 이해할 필요가 있어요. 공시는 그 회사가 하는 사업 내용이나 재무 상황, 영업 실적 등 기업의 내용을 투자자들에게 알려주는 제도입니다. 여러분이 누군지, 뭘 공부하고 있는지 등을 알려주는 것과 같은 것이라고 생각하면 된답니다.

투자를 한다면 꼭 봐야 할 정보가 바로 그 기업의 공시입니다. 금융감독원이란 기관이 전자공시를 모두 모아서 운영하는 다트 시스템이 있어 여러분도 간편하게 이용할 수 있어요. 기업은 자금 사정이 크게 변하거나 주인이 바뀌는 것처럼 중요한 일이 생기면 여기

알아두세요

주가수익비율(PER)
PER이 높으면 고평가, 낮으면 저평가된 것으로 해석해요. PER은 기업의 성장성이 반영되지 않은 지표로, 현재 시점에서의 기업 투자 가치를 분석해요.

주당순이익(EPS)
한해 1주의 주식으로 벌어들인 이익을 나타내는 지표에요. 당기순이익이 높으면 EPS가 상승하고 주식수가 많아지면 EPS는 내려가요.

주가순자산비율(PBR)
회사자산의 가치를 평가하는 지표에요. PBR이 높으면 실제 가치에 비해 고평가 돼 있다는 것을 의미해요.

주당순자산가치(BPS)
1주당 순자산의 가치를 계산하는 것. 기업이 가지고 있는 모든 자산을 주주들에게 나눠줬을 때 분배 가능한 1주당 순자산을 의미해요.

에 스스로 신고를 해야 합니다. 만약 공시를 제대로 하지 않으면 그 기업에 투자하고 있는 사람이나 투자하려는 사람들에게 피해를 줄 수 있겠죠. 그래서 법적인 처벌을 하는 등 제재가 따릅니다. 상황이 아주 심각할 경우엔 주식시장에서 제외(상장폐지)되는 일도 있어요.

우선 다트에서 여러분이 알아볼 기업을 검색합니다. 그 기업에 대한 공시가 나올 겁니다. 여러분이 제일 관심을 가져야 하는 것은 사업보고서예요. 여기엔 회사의 이름과 대표의 이름, 회사가 세워진 이후의 역사를 나타내는 회사의 연혁과 발행된 주식의 수 그리고 배당에 대한 내용 등이 담겨 있어요. 여러분이 주목해야 할 것은 바로 '사업의 내용'입니다. 사업의 내용에는 회사가 하고 있는 사업들이 구체적으로 나와 있어요. 그리고 이 사업들의 특징과 시장 점유율, 연도별 변화 등도 보여줍니다. 기업은 이윤을 추구하기 위해 있는 조직이기 때문에 기업에 투자할 때는 그 기업이 정확히 무슨 일을 하는지부터 알고 시작하는 것이 필수겠지요.

한경컨센서스 이용하기

각 기업의 정보를 알아봤다면 시장 상황에 대해 알아볼 수 있는 좋은 사이트도 있습니다. 한국경제신문사가 운영하는 '한경컨센서스(consensus.hankyung.com)'입니다. 한경

<mark>컨센서스는 각 증권사의 애널리스트들이 만든 보고서를 모아 놓은 사이트예요.</mark> 애널리스트가 누구냐고요? 애널리스트는 기업을 분석하고 투자 의견을 내놓는 전문가입니다. 가령 'A회사는 어떤 제품을 만드는데, 시장 상황이 어떠하고 다른 경쟁사들과 비교하면 주가가 얼마 정도까지는 오를 수 있다'고 의견을 냅니다. 이런 애널리스트들이 잘 정리한 자료를 한 번에 볼 수 있는 사이트가 바로 한경컨센서스예요.

이 사이트에 들어가 보면 기업, 산업, 시장, 경제 등으로 나뉘어 있어요. 기업은 각 기업에 대한 분석 보고서입니다. 다트 공시나 네이버 금융을 통해 올라온 정보를 모아서 애널리스트들이 분석하고 보고서를 만들어 올려줍니다. 한경컨센서스에 올라온 기업의 자료를 보면 여러분이 투자할지 말지를 판단하는 데 도움이 될 거예요. 산업과 시장 파트에는 개별 기업이 아니라 그 기업이 포함된 시장을 분석한 자료가 있어요. 한국은행의 통화 정책은 어떤지, 금리는 앞으로 어떻게 움직일 것으로 예상되는지 등의 분석이 이뤄지는 곳이죠.

여러분이 주식에 투자할 때 단순하게 개별 기업만 봐서는 곤란해요. 그 기업이 포함된 시장의 흐름을 알아야 기업 미래의 '수익'을 판단할 수 있답니다. 그 기업의 미래가 밝아서 투자자들이 몰리면 주가는 올라가겠죠? 그 기업의 미래에 대한 기대를 반영한 것이 주가예요. 미래를 어떻게 판단할까요? 바로 그 기업이 속한 시장의 흐름이 올라갈 것인가 아니면 혁신이 있는가 아니면 이제 내려가는 시장인가를 먼저 판단해야 합니다. 그런 정보를 잘 정리해둔 리포트를 모아 놓은 곳이 한경컨센서스예요. 매일 여기서 관련 애널리스트들이 올려주는 자료만 봐도 투자 공부는 저절로 될 거예요.

신문 제대로 읽는 방법

미래를 판단하고 전체적인 시장을 판단하는 것은 애널리스트들의 보고서만으로는 되지 않겠지요. 매일 세상 돌아가는 뉴스를 보면서 시장 상황을 읽고 흐름을 예측해야 합니다. 여러분이 뉴스를 접하는 방법은 다양할 거예요. TV로도 볼 수 있습니다. 하지만 신문을 읽는 것을 추천해요. 신문을 읽으면 글 쓰는 것이 늘고 생각도 할 수 있어서 많은 도움이 됩니다. 그러면 신문은 어떻게 읽는 것이 좋을까요?

우선 신문을 볼 때는 제일 첫 페이지, 1면을

한국경제신문 1면의 마켓인덱스는 흐름을 이해하는 데 도움이 돼요.

눈여겨봐야 해요. <mark>1면은 그날의 모든 기사를 통틀어 가장 중요하다고 생각하는 것을 모아 놓은 곳이죠.</mark> 신문을 보는 것이 처음에 너무 어려우면 1면과 그 기사와 관련된 뉴스를 보는 것으로 출발해도 괜찮아요.

그럼 1면의 기사는 누가 정할까요? 여러분 혹시 '데스크'라고 들어 봤나요? 아마 방송사에서 하는 프로그램 중에 '뉴스데스크'는 들어봤을 거예요. 데스크는 신문사 편집국이나 방송사 보도국에서 기사의 취재와 편집을 지휘하는 사람을 가리키는 말이에요. 보통 각 신문사 부서의 장과 편집국 국장, 부국장 등

이죠. 이런 사람들이 모여서 그날의 기사를 놓고 회의를 합니다. 데스크 회의라고 해요. 그 회의에서 1면 기사를 선정합니다. 1면 기사의 주제가 정해지면 여러 기자들은 그것과 관련된 내용들을 취재할 거예요. 그렇게 모은 기사들이 다른 면의 '관련 기사'가 되는 것이죠.

1면과 관련 기사를 읽는 것, 쉬운 일은 아닙니다. 혹시 여러분은 공부를 할 때 어떻게 하세요? 보통 공부할 때는 우선 기초를 배우고 그것을 사용해 문제를 풀 것 같네요.

신문을 읽고 세상을 공부하는 것도 그런 방식

입니다. 우리가 보통 기사라고 하면 사실(정보)만 전달하는 경우를 생각하는데 이건 기초일 뿐이에요. 그날의 정보를 전달받은 것이죠. 그 정보를 가지고 '그럼 다른 전문가는 어떻게 생각할까?' 또는 '과거에 이런 사례들이 있었나?' 등의 의문을 가지게 되죠. 이런 의문에 대답해주는 기사를 '해설 기사'라고 합니다. 그런 해설 기사까지 제대로 읽어야 그날의 기사에 대해 완벽하게 공부했다고 할 수 있습니다.

다시 정리하자면 1면의 기사를 읽고 마지막이나 중간에 '관련기사 OO면'이라고 쓰여 있는 부분을 통해 관련 면으로 가서 연관된 기사를 읽어요. 그러면 하나의 주제를 전체적으로 그림을 그릴 수 있겠죠?

그래도 잘 모르겠다면 이 기사들을 어떤 관점으로 봐야 할지 몰라서 그런 경우가 많기 때문이에요. 이런 경우에는 사설면이나 오피니언면을 참조하는 것도 방법이랍니다. 사설은 그 신문의 논설이에요. 경험 많은 논설위원들이 '사건이나 정책에 대해 이런 의견이 있다'고 쓰는 곳입니다. 기사는 주로 사실을 전달하지만 사설은 어떤 기사에 대한 생각을 논하는 곳이라고 생각하면 됩니다. '왜 이게 문제가 되지'라는 여러분의 생각에 '이런 의견도 참조해'라고 길을 알려주는 곳이죠.

처음에는 어려울 수 있습니다. 하지만 꾸준히 하다 보면 쉽게 기사를 읽을 수 있을 거예요. 기사는 대개 반복되는 경우가 많아서 금방 익숙해진답니다.

그리고 한 가지 팁! 한국경제신문을 받아보면 신문의 1면 오른쪽 위를 한번 보세요. 마켓인덱스라는 부분이 있어요. 마켓인덱스는 그날의 주식과 환율, 금리를 알려줍니다.

경제 흐름을 읽기 위해서 반드시 알아야 하는 3대 지표예요. 주식시장의 흐름을 보여주는 코스피지수, 수출·수입에 밀접한 영향을 미치는 환율, 금융시장과 관련된 국고채 금리 등을 잘 알고 있으면 여러분도 경제 전문가예요. 이런 것들을 매일 확인해 두면 경제 흐름을 알아가는 데 큰 도움이 된답니다.

알아두세요

신문 읽는 요령

❶ 신문 1면과 관련 기사 읽기

❷ 어떤 기사에 대한 생각이 궁금할 땐 사설과 오피니언면 함께 읽기

❸ 경제 흐름을 한눈에!
1면 오른쪽 상단에 마켓인덱스에서 주가지수, 환율, 금리 확인하기

슬기로운 주식생활 4단계

다양한 투자법이 있어요

투자엔 동전의 양면처럼 따라다니는 것이 있어요. 바로 위험이죠. 수익을 얻으려면 위험을 함께 떠안아야 한답니다. 세상에 공짜는 없거든요. 그럼 안전하게 투자하는 방법이 있을까요? 돈을 여러 곳에 나눠서 투자하는 것이 이런 위험을 피하는 기본 원칙이랍니다. 전문가에게 돈을 맡기는 간접투자도 좋은 방법이에요. 이번 단계에서는 분산 투자와 간접 투자의 원리와 요령을 알아봅시다.

계란을 한 바구니에 담으면?

한 곳에만 몰아서 투자하면 위험해요

혹시 '계란을 한 바구니에 담지 말라'는 말을 들어본 적 있나요. 부모님을 따라 전통시장이나 대형마트에 가본 일이 있을 거예요. 맛있는 과자나 시원한 음료수도 좋지만, 한 번쯤은 올록볼록한 계란판을 유심히 살펴보세요. 계란은 작은 충격에도 깨지기 쉬워 하나씩 낱개로 담겨 있는 것을 확인할 수 있을 거예요. 만약 계란을 한 바구니에 담아뒀다가 떨어뜨리거나 충격을 주면 어떻게 될까요? 맞아요. 잘못하면 전부 못 먹게 될지도 몰라요.

주식도 마찬가지예요. 그래서 나온 말이 '분산 투자'랍니다. 말 그대로 여러 곳에 나눠서 투자한다는 의미죠. 그럼 분산 투자의 반대말은 무엇일까요. 맞아요. '몰빵 투자'예요. 한곳에 모든 돈을 쏟아부어 투자하는 방식을 말하죠. 사실 투자라는 말이 붙긴 했지만, 이런 방식은 투자라기보다 '투기'에 가깝다고들 해요.

만약 내 돈 전부를 한 주식에 투자했는데, 그 주식 가격이 엄청나게 떨어져 반 토막이 되거나 상장폐지돼 버린다면 어떻게 할까요. 생각만 해도 끔찍하죠? 그래서 ==몰빵 투자는 건전한 투자가 아니라 도박이나 마찬가지==라고 한답니다.

사실 '계란을 한 바구니에 담지 말라'는 말은 노벨경제학상을 받은 제임스 토빈(James Tobin)이라는 미국 경제학자가 처음 얘기했다고 하네요. 노벨경제학상은 전 세계적으로 경제학 발전에 큰 업적을 남긴 인물에게 주는 상이에요. 분산 투자의 중요성이 그만큼 크다는 뜻이겠죠?

내 돈을 지켜주는 예금과 적금을 활용하자

그렇다면 어떻게 하는 게 분산 투자일까요. 우리가 배우는 수학 공식처럼 분산 투자의 원칙이 정해져 있는 것은 아니에요. 다만 분산 투자의 목적이 손해 볼 수 있는 위험을 줄이는 게 목적인 만큼 상대적으로 안전한 상품을 섞는 것이 가장 좋은 방법이겠죠?

주식처럼 가격의 변화가 큰 상품과 안전성이 뛰어난 은행 상품에 자금을 적절하게 나눠 두는 것이 현명하답니다.

일반인이 간편하게 가입할 수 있는 가장 안전한 금융상품으로는 은행에서 가입할 수 있는 예금과 적금을 우선 떠올릴 수 있어요. 은행에서 파는 예금과 적금은 설령 은행이 망하더라도 5000만원까지는 무조건 돌려줘

 알아두세요

제임스 토빈은 누구인가요?

제임스 토빈(James Tobin, 1918년 3월 5일~2002년 3월 11일)은 미국의 경제학자로서 연방준비이사회에서 활동했으며 하버드대학교와 예일대학교에서 교수로 재직했어요. 그는 정부의 적극적인 개입을 옹호하는 경제학자였습니다. 토빈은 1971년 나라 사이의 급격한 자금 이동으로 각국의 통화가 급등락하는 것을 막기 위해 국제 외환거래에 1%의 세금을 부과한다는 내용의 '토빈세' 개념을 만들었어요. 이후 국제 이동 자본에 붙는 세금을 그의 이름을 따 토빈세라고 불러요. 그는 투자 시 위험을 낮춰주는 '포트폴리오 이론'을 만든 공로를 인정받아 1981년 노벨 경제학상을 수상하기도 했어요.

요. 정부가 예금하는 국민을 보호하기 위해 '예금자보호법'이라는 법규를 만들어 뒀기 때문이죠.

알아두세요

예금자보호법이란?

고객의 예금을 보유하고 있는 금융회사가 파산 등의 사유로 고객의 예금을 지급하지 못하게 되는 경우 정부가 일정한 금액 범위 내에서 예금액을 보장해주기 위해 만든 법을 말해요.

은행이나 증권사 등 금융기관에서는 예금보험공사라는 곳에 예금보험료라는 기금을 적립해 둡니다. 만일 가입한 금융기관이 지급할 수 없는 사유가 발생하면 예금보험공사에서 대신 예금을 지급해줘요. 예금자보호법에 따라 예금자는 한 금융회사에서 원금과 이자를 포함해서 1인당 5천만원까지 보장받을 수 있어요. 모든 예금이 다 포함되는 것은 아니기때문에 가입전에 예금자보호법에 의해 보호되는 상품인지 알아보고 가입하는 것이 좋아요.

이자율이란?

이자율은 원금에 대한 이자의 비율을 가리켜요. 이자율은 통상적으로 연간 이자율을 의미하며 %로 표시해요. 이자율은 은행에서 돈을 빌릴 때 뿐만 아니라 은행에 돈을 맡길 때도 적용됩니다. 은행은 예금자에게 일정한 이자를 지급하고 예금을 기초로 대출을 실행해요. 일반적으로 예금이자율 대비 대출이자율이 높기 때문에 그 차이가 은행 수익의 원천이 됩니다.

하지만 예금과 적금을 '투자'라고 하지는 않아요. 왜 그럴까요. 여러분의 부모님이 어린이였을 때인 20~30년 전에는 100만원을 예금에 넣어두면 1년 뒤에 120만원으로 불어났어요. 당시 은행 상품의 연 이자율이 20%나 됐기 때문이죠. 1년 만에 원금의 10분의 2나 이자로 더 받을 수 있으니 굳이 위험을 무릅쓰고 투자할 필요가 없었던 거죠. 하지만 지금은 그때와는 상황이 많이 달라졌어요. 100만원을 예금해도 1년 뒤에는 고작 1만~2만원도 이자로 받기 어려워진 거죠. 이자가 워낙 적어 투자라고 부르기에는 민망한 상황이 된 거죠. 이처럼 이자가 낮아진 상황이 오래 지속되다 보니 '저금리 시대'라는 말까지 나왔어요. 이런 저금리 현상은 지금의 어린이가 성인이 돼서도 크게 바뀌기 어렵다고 하네요. 여러분이 어린 시절부터 건전한 투자 방법을 공부하고 익혀야 하는 이유도 바로 이런 배경에서랍니다.

물론 그렇다고 예금과 적금이 쓸모없다는 얘기는 아니에요. 이자가 적긴 해도 내 소중한 돈을 완벽하게 지켜주는 상품은 예금과 적금이라는 점도 꼭 기억하길 바랍니다. 절대로 손해 봐서는 안 되는 돈이 있다면 예금과 적금이 가장 적합한 상품이랍니다.

간접투자의 기본, 펀드를 배워 보자

전문가에게 돈을 맡기는 간접투자

우리가 주식 투자 이외에 투자라고 부를 수 있는 대표적인 상품으로는 펀드와 상장지수펀드(ETF)가 있어요. 주식은 투자할 종목을 내가 직접 골라야 하지만 펀드나 ETF는 펀드매니저라고 불리는 주식 전문가들이 나를 대신해 투자해 주는 상품이랍니다. 이런 투자법은 '전문가가 대신 투자해 준다'고 해서 간접투자라고 해요. 주식을 잘 아는 전문가들이 대신해 주는 만큼 훨씬 더 믿음이 가겠죠?

무엇보다 이런 간접투자 상품에 투자하면 어떤 주식이 좋고 어떤 주식이 위험한지, 또 언제 사고 언제 팔아야 할지 매번 고민하지 않아도 된답니다. '어떤 주식이 좋더라'는 식의 소문이나 잘못된 가짜 뉴스에 휘둘리지 않아도 되고, 주식 전광판에 등장하는 수많은 주식 종목과 빨갛고 파란 수익률 숫자들을 쳐다보고 있을 필요도 없어요.

다만 간접투자가 장점만 있는 것은 아니라는 점도 알아둬야 해요. 펀드와 같은 상품은 전문가들이 도와주는 만큼 일정 금액의 수수료를 내야 해요. 세상에 공짜는 없으니까요.

또 한 가지 명심해야 할 것은 전문가라고 해서 항상 수익을 내주는 것은 아니라는 점이에요. 능력 있는 펀드매니저를 만나면 기대 이상의 수익을 얻지만 그렇지 못할 경우에는 투자금 일부를 잃을 수 있다는 점도 주의해야 합니다.

또 최근에는 인공지능(AI)을 활용한 로보 어드바이저(robo-advisor) 펀드도 속속 등장하고 있어 선택의 폭이 갈수록 넓어지고 있답니다. 로보 어드바이저는 말 그대로 로봇이 투자를 도와주는 거예요. 신통방통하죠? 주식 투자만큼 '열공'은 아니더라도 좋은 펀드를 고르기 위해 나름의 원칙과 공부가 필요하답니다.

좀 더 안전한 투자, 펀드가 뭐예요?

앞에서 펀드가 분산 투자의 대표 상품이라고 했는데, 그렇다면 펀드가 무엇이고 어떻게 활용하는 상품일까요.

펀드(fund)의 원래 의미는 특별한 목적을 위해 '모인 돈'을 의미해요. 그래서 투자 상품 이외에도 다양한 목적의 자금을 펀드라고 하고, 이런 돈을 모으는 과정을 펀딩(funding)이라고 한답니다.

여기서 우리가 얘기하는 펀드는 주식이나 채권 등에 투자하기 위해 모은 돈을 의미해요.

그렇다면 펀드에는 어떤 종류가 있고, 좋은 펀드를 잘 고르기 위해서는 어떤 것을 잘 살펴봐야 할까요? 사실 펀드라고 해서 개별 주식보다 고르기 쉬운 것은 아니에요. 주식만큼은 아니더라도 펀드 역시 개수가 엄청나거든요. 2021년 들어 6개월 동안 새로 만들어진 펀드만 해도 2000개가 넘는다고 해요. 물론 펀드에 투자한다고 해서 세상 모든 펀드를 알아야 할 필요는 없답니다.

주식과 달리 펀드는 '설정일'과 '만기'라는 게 있어요. 설정일은 펀드가 만들어진 시점이고, 만기는 펀드 투자를 완료한 시점이라고 생각하면 쉬워요. 보통 만기는 짧게는 3~6개월짜리부터 길게는 수십 년짜리 초장기 펀드도 있어요. 보통은 3~5년짜리 펀

알아두세요

로보 어드바이저란?

로봇(robot)과 투자전문가(advisor)의 합성어로 빅데이터를 바탕으로 고도화된 알고리즘으로 투자전략을 제공하는 온라인 프라이빗 뱅킹 서비스에요. 로보 어드바이저는 고객이 직접 입력한 정보를 바탕으로 포트폴리오를 자동으로 만들어주고 수수료가 저렴하다는 특징이 있어요. 하지만 투자성과에 대해서는 논란이 있으므로 맹신해서는 안 돼요.

드가 많지만 어린이를 위해 만들어진 펀드는 만기가 꽤 길답니다. 지금의 어린이가 자라 성인이 됐을 때 대학 학자금이나 큰돈이 필요할 경우를 대비해 부모님이 가입해 주는 경우가 많아서겠죠.

하지만 펀드는 은행 적금처럼 만기가 됐다고 해서 투자한 돈을 전부 찾아야 하는 것은 아니랍니다. 만기가 끝나더라도 그 펀드에 계속 투자하고 싶다면 투자 기간을 연장할 수 있어요. 금융 선진국이라고 불리는 미국에서는 1960년에 나온 펀드가 아직도 잘 팔리고 있다고 하네요. 좋은 상품이 오랫동안 잘 팔리고 인기가 많은 것은 물건이나 펀드나 마찬가지인가 봐요.

그런데 만약 가입한 펀드가 내 마음에 들지 않는다면 어떻게 해야 할까요. 주식은 내가 직접 주식시장이 열리는 개장 시간에 팔면 되지만 펀드는 그렇게 팔지는 못해요. 펀드가 주식과 다른 점은 수익률이 하루 단위로 결정된다는 점인데, 주식시장이 끝나야 펀드의 수익률이 결정되기 때문이죠. 그렇다고 걱정할 필요는 없어요. 일반적으로 펀드는 간접투자 상품이라고 하지만, 사고파는 것은 자유롭게 할 수 있어요. 펀드는 주식의 매매(매입, 매도)라는 말 대신 환매(되팔기, 되사기)라는 개념을 써요.

종류도 다양하고 복잡한 펀드

여러 사람의 돈을 모아 펀드매니저라는 전문가에게 투자를 맡기는 상품을 펀드라고 했어요. 그렇다면 펀드에는 어떤 종류가 있을까요.

펀드는 '어떻게' 돈을 넣고 '어디에' 투자할지에 따라 종류가 달라진답니다. 우선 투자할 돈을 어떻게 넣느냐에 따라 크게 적립식과 임의식, 거치식, 목표식으로 나눌 수 있어요. 적립식은 말 그대로 은행 적금처럼 일정 금액을 꾸준히 넣는 방식이에요.

그럼 임의식은 투자금을 임의대로 자유롭게 넣는 방식이겠죠? 이달에 5만원을 넣었는데 그 다음달 1만원밖에 여유가 없다면 1만원만 넣으면 되는 거지요. 거치식은 한꺼번에 많은 돈을 넣고 만기까지 기다리는 방식인데, 보통 큰돈의 여유자금이 생겼을 때 활용할 수 있는 투자법이에요. 끝으로 목표식은 내가 '얼마를 넣겠다'는 목표를 정한 뒤 돈이 생길 때마다 목표 금액을 채워 나가는 방식으로, 돈을 넣는 방식은 임의식과 비슷하다고 보면 돼요.

이처럼 투자금을 넣는 방식에 따라 여러 종류의 펀드가 있지만, 아직 부모님으로부터 **용돈을 받는 어린이에게 가장 적합한 방식은 적립식**이라고 볼 수 있겠네요. 만약 한 달 용돈이 5만원이고 매달 3만원을 투자하고 싶다면 한 달에 한 번씩 3만원을 꾸준히 적립하는 방식이죠. 그러면 1년이면 36만원, 2년이면 72만원이 되겠네요. 만약 이 기간 펀드 수익률이 10%라면 수익금 7만2000원을 포함해 79만2000원을 돌려받을 수 있어요.

다음으로 투자 비율과 위험도에 따라 다양한 펀드로 나눌 수 있는데, 크게 주식형펀드와 채권형펀드, 혼합형펀드로 구분할 수 있어요.

우선 주식형펀드는 말 그대로 주식 관련 상

알아두세요

거치식 펀드	목돈을 한꺼번에 납입
적립식 펀드	일정 기간마다 일정 금액을 납입
임의식 펀드	최초 투자금을 넣고 이후 수시로 자유롭게 납입
목표식 펀드	목표 금액을 정해 일정기간 이상 수시로 납입

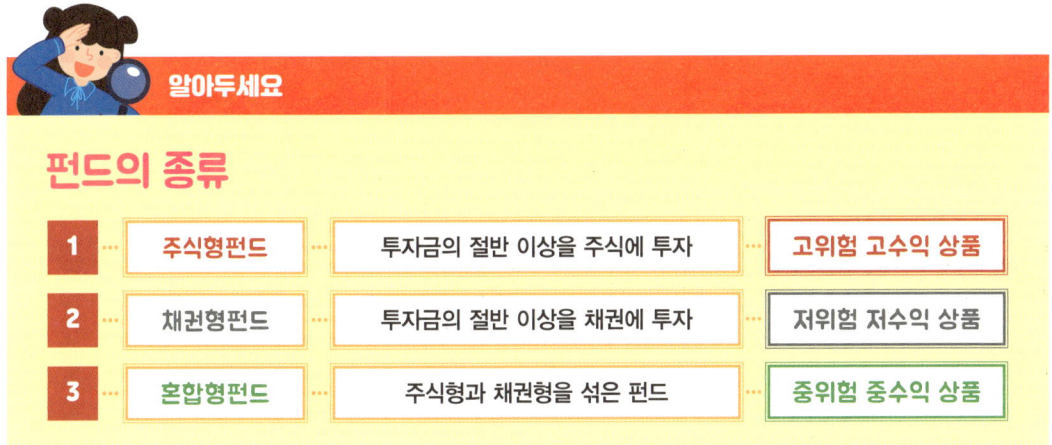

품에 펀드 자금의 절반 이상을 투자하는 상품이에요. 주식에 절반 이상이 투자되기 때문에 주식만큼이나 위험하다고 볼 수 있지만, 그만큼 높은 수익을 기대할 수 있어요. '고위험 고수익'이라는 투자 원칙은 펀드에도 똑같이 적용된답니다. 또 주식형펀드는 주식에 얼마나 더 많이 투자하느냐에 따라 성장형과 안정성장형, 안정형으로 더 세밀하게 구분할 수 있어요. 성장형은 전체 펀드의 70% 이상을 주식에 투자하는 상품이랍니다. 주식에 많이 투자하는 펀드일수록 높은 수익을 기대할 수 있지만 반대로 손실 위험도 커진다는 점은 꼭 명심해야겠죠?

다음 채권형펀드는 채권형 상품에 펀드 자금의 절반 이상을 투자하는 상품이에요. 안정적인 펀드에 투자할 뿐, 주식에 전혀 투자하지 않기 때문에 손실 위험이 거의 없는 상품이죠. 하지만 수익률이 낮다는 단점이 있어요.

혼합형펀드는 앞에서 얘기한 주식형펀드와 채권형펀드를 합친 상품이에요. 주식형펀드보다는 수익률이 낮지만 채권형펀드보다는 높은 수익률을 기대할 수 있는 상품이죠. 혼합형펀드는 주로 중간 정도의 수익과 중간 정도의 위험을 감수하는 펀드 상품이에요. 이런 걸 두고 '중위험 중수익' 상품이라고 한답니다.

어떤 펀드를 골라야 할까요

펀드의 종류에 대해 알아봤다면 이제는 직접 펀드를 골라봐야겠죠? 내가 사고 싶은 여러 가지 물건을 다양하게 볼 수 있는 대형마트가 있듯이, 펀드도 '펀드다모아(fundamoa)'라는 펀드 마트가 있어요. 다만

펀드 마트는 펀드에 대한 자세한 정보만 제공할 뿐, 펀드 가입은 판매 금융회사를 찾거나 홈페이지에서 직접 가입해야 해요. 만약 투자하고 싶은 펀드를 직접 찾는 게 어렵다면 내 주위의 은행이나 증권사를 찾아가 투자 상담을 받을 수 있답니다.

모든 사람에게 저마다의 이름이 있듯이 펀드도 자신의 특징을 담은 이름을 갖고 있어요. 펀드를 만든 곳이 어디인지, 그리고 주식형인지 채권형인지, 주로 어떤 곳에 투자하는지까지 이름만으로도 쉽게 알 수 있도록 했죠. 대개 펀드 이름이 길어서 복잡해 보이지만 하나씩 뜯어보면 어렵지 않답니다. 가령 내가 찾은 펀드 이름이 '미래에셋 그린뉴딜증권자투자신탁(주식)'이라고 한다면, 이 펀드를 만든 곳은 '미래에셋자산운용'이라는 금융사이고, 주로 투자하는 곳은 '그린뉴딜' 산업이라는 것을 알 수 있어요. 혹시 그린뉴딜(green new deal)이라는 말 들어 봤나요. TV나 신문에서 북극 얼음이 녹아내리고 해양 생물이 플라스틱 때문에 죽어가는 모습을 보고 안타까워한 적이 있을 거예요.

그린뉴딜은 이런 환경 파괴와 기후변화 문제를 해결하기 위한 친환경 중심의 정책 전환을 의미한답니다. 미국과 한국을 비롯해 세계적으로 관심을 두고 있는 산업이라는 점에서 높은 성장성이 기대되지요. 최근 신문 방송에서 많이 나오는 투자 트렌드인 ESG(환경·사회·지배구조)에도 그린뉴딜이 포함돼 있다는 것을 알 수 있을 거예요. 그린뉴딜 외에도 건강 관련 산업에 투자하는 헬스케어를 비롯해 정보기술(IT), 자동차 등 다양한 산업에 투자하는 펀드가 아주 많아요. 상품 이름 끝에 붙은 (주식)은 주로 주식에 투자하는 주식형 펀드라는 것을 의미해요. 하지만 펀드 이름만 보고 아무 펀드나 선뜻 가입하면 큰코다칠 수 있어요. 워낙 많고 다양한 종류의 펀드가 나와 있는 만큼, 어떤 펀드가 내게 더 적합한지 꼼꼼히 살펴봐야 한답니다.

펀드의 성적표와 위험 정도를 알아봐요

펀드를 고를 때는 과거 수익률과 수수료, 그리고 손실 위험도 등을 주의 깊게 봐야 해요. 우선 펀드 투자를 상담할 때 받는 가입설명서는 물론 펀드가 처음 만들어진 날부터 6개월, 1년, 3년 등의 단위로 얼마나 수익을 냈는지 확인해보세요. 어떤 펀드는 6개월 수익률이 높고 어떤 펀드는 1년, 또 어떤 펀드는 3년 수익률이 높아요. 펀드도 여러 가지 주식과 채권 등에 투자한다는 점에서 수익률도 제각각이고, 시시때때로 오르락내리락하는 상품이에요.

여기서 주의해야 할 부분은 '**과거 수익률**'이 **항상 미래 수익률을 보장해 주지는 않는다** 는 점이에요. 지난 1년 동안 100% 수익률을 냈더라도 내가 가입한 시점 이후 1년 동안 마이너스(-) 수익률, 즉 손해가 날 가능성도 있다는 얘기죠. 빠르게 오른 주식의 주가 조정이 빨리 오듯 펀드 역시 빨리 오른 주식이 내릴 확률도 높은 법이겠죠? 따라서 너무 욕심을 내지 않는다면 매년 꾸준한 수익률을 내온 펀드가 좋은 펀드일 수 있어요.

'위험도 평가'는 해당 펀드의 손실 위험이 얼마나 되는지를 보여주는 거예요. 아무래도 주식에 절반 이상 투자하는 주식형펀드가 혼합형이나 채권형보다 위험도가 높을 수밖에 없어요. 수익률이 높지 않더라도 손해 보는 것이 싫다면 '낮은 위험'이나 '매우 낮은 위험'의 펀드를 선택하는 것이 바람직해요.

마지막으로 수수료도 꼭 체크해야 해요. 수수료는 일종의 서비스 비용이에요. 펀드를 관리해 주는 펀드매니저가 받는 보수(운용보수)와 펀드를 판매한 판매사가 받는 수수료(판매보수)를 합친 거라고 생각하면 쉬워요. 역시 세상에는 공짜가 없어요. 수수료는

주식형펀드 수익률을 비교해 볼까요

(단위:%)

펀드명	3개월	6개월	1년	변동성
한화2.2레버리지인덱스(주식-파생재간접)C-A	7.89	24.14	159.84	44.45
KB스타코리아레버리지2.0(주식-파생)A	7.82	23.77	141.53	40.46
NH아문디코리아2배레버리지(주식-파생)A	7.87	23.71	139.84	40.38
키움차세대모빌리티(자)1(주식)A1	10.42	24.80	100.23	28.03
마이다스액티브가치증권투자회사(주식)A1	8.40	26.64	89.11	17.55
미래에셋그린뉴딜인덱스(자)(주식)A	3.89	16.04	88.52	32.76
우리중소형고배당1(주식)C	13.59	21.90	86.85	25.12
신한코리아가치성장(자)(주식)C-A1	4.36	21.46	84.61	21.78

*2021년 7월 2일 기준 설정액 500억원 이상 1년 수익률 상위 순서 자료:한국펀드평가

펀드마다 조금씩 다르지만 일반적으로 내가 맡긴 돈의 1~2% 정도를 떼가도록 돼 있어요. 펀드에 가입해 5% 정도 수익이 났다면 3~4%가 진짜 내 수익이 되는 거예요.

그렇다면 내 투자 원금에 손실이 나면 어떻게 될까요? 안타깝게도 손해를 보더라도 수수료는 꼬박꼬박 나간답니다. 그러니 어떤 펀드를 고를지 더욱 신중해야 하겠죠?

다른 나라에 투자하는 해외펀드

지금은 해외와 실시간으로 연결되는 글로벌 시대죠. 요즘 어린이는 부모님의 어린 시절과 달리 유튜브와 SNS 등을 통해 다른 학교는 물론 외국 친구와도 모바일과 온라인으로 어렵지 않게 친구가 될 수 있어요. 지금의 어른들은 상상도 할 수 없었던 세상에 살고 있는 거죠.

투자도 마찬가지예요. 자기 방에 앉아 휴대폰으로 해외 주식을 거래할 수 있고, 해외 기업에 투자하는 펀드도 어렵지 않게 살 수 있는 시대가 됐어요.

예를 들어 유튜브의 모회사인 구글 주식을

여러분도 당장 사고팔 수 있죠. 하지만 구글 주식을 살 수 있는 미국 주식시장은 우리나라 시간으로 한밤중에 열려요. 미국 주식을 제시간에 맞춰 사려면 밤을 꼬박 새워야 한다는 얘기죠. 하물며 어린이가 미국 주식을 사기는 더욱 쉽지 않겠죠.

하지만 구글 주식에 투자할 수 있는 다른 방법이 있어요. 바로 펀드 가입이죠. 우리나라에도 해외 시장에 투자하는 펀드가 셀 수 없이 많아요. 2021년 상반기에만 새롭게 생긴 해외 펀드가 800개가 넘는다고 하네요. 투자할 수 있는 나라도 미국은 물론 유럽, 중국, 일본, 베트남, 인도, 브라질 등 다양하답니다. 직접 가보지 않은 나라에 내 돈으로 투자할 수 있다니 놀랍지 않나요?

이런 국가 이름이 붙은 펀드는 주로 인덱스펀드로 투자하게 된답니다. 한국 주식시장을 대표하는 지수가 코스피이듯 일본은 닛케이, 중국은 CSI 등 지수가 있는데, 이 지수에 투자하는 펀드가 인덱스펀드예요. 지수 뒤에 붙은 숫자는 기업 숫자를 나타내죠. '닛케이225'라고 한다면 일본 닛케이시장에 상장돼 있는 225개 대표 기업을 뜻하는 거죠.

만약 ==해외 펀드에 투자하고 싶다면 그 나라만의 경제적 특성을 공부하는 게 좋아요.== 사람들도 저마다 특기가 있듯이 나라마다 경제 규모도 다르고 특별히 잘하는 분야가 있기 때문이죠. 국내 펀드와 마찬가지로 과거 수익률과 수수료, 그리고 위험도를 꼼꼼히 따져봐야 하는 것은 당연하겠죠?

알아두세요

해외펀드는 투자대상 지역에 따라 나눌 수 있어요

❶ 글로벌 해외펀드
전 세계지역을 대상으로 투자하는 펀드

❷ 지역 해외펀드
아시아, 유럽, 브릭스(BRICS- 2000년대에 빠른 경제 성장을 보이는 브라질, 러시아, 인도, 중국, 남아프리카 공화국을 통틀어 이르는 말이예요) 등

❸ 국가 해외펀드
미국, 일본, 중국 등 특정 국가를 대상으로 하는 펀드

주식처럼 사고 파는 펀드, ETF

요즘 인기 있는 ETF 투자

펀드는 투자전문가에게 내 돈을 맡기는 만큼 주식보다 좀 더 안정적이고 편안함을 주는 상품이라는 점을 알게 됐을 거예요. 그래서 펀드는 투자자들로부터 가장 많은 선택을 받아온 상품이기도 하죠.

그런데 상장지수펀드(ETF)라는 상품이 이런 펀드에 도전장을 내밀었어요. 금융상품끼리 무슨 싸움을 하느냐고요? 그게 아니라 ETF의 인기가 펀드만큼 높아졌다는 의미예요.

ETF? 이름만 봐서는 펀드보다 뭔가 더 복잡하고 어려워 보이지 않나요? 하지만 꼭 그렇지만도 않답니다.

ETF는 'Exchange Traded Fund'의 줄임말이에요. 주식을 거래하는 거래소를 'Stock Exchange'라고 하는데 말 그대로 해석하면 거래소에서 교환되는 펀드라는 의미인 거죠.

'펀드는 거래소에서 사고팔 수 있는 게 아니라고 했는데 무슨 얘기지?'라는 생각이 들 수 있어요.

주식과 펀드의 장점을 합친 ETF

앞에서 얘기한 펀드와 ETF는 여러 투자자가 함께 돈을 모아 투자한다는 점에서는 같은 펀드로 볼 수 있지만, ETF는 거래 방식이 일반 주식과 같아요. 그래서 상대적으로 안전하다는 펀드의 장점과 거래가 편리하다는 주식의 장점을 합쳐 놓은 투자상품이

ETF라는 평가가 있어요. 우리나라에서 ETF가 본격적으로 인기를 끌기 시작한 것은 수년 전에 불과해요. 미국에서는 30년 전에 ETF가 처음 나왔고, 이후 10년 뒤부터 본격적으로 인기를 끌기 시작했다고 하네요.

ETF 거래는 어떻게?

그럼 ETF에 투자하려면 어떻게 해야 할까요? 앞에서 얘기했듯이 ETF는 주식을 거래하는 증권거래소에 상장돼 있는 펀드예요. 일반적인 펀드에 가입하려면 은행이나 증권사를 찾아가야 하지만 ETF는 주식 투자와 마찬가지로 투자자가 직접 거래소를 통해 매매할 수 있답니다.

이 때문에 앞에서 배운 것처럼 ETF를 사고 팔기 위해서는 주식 투자와 마찬가지로 증권사 홈트레이딩시스템(HTS)이나 모바일트레이딩시스템(MTS)을 이용해야 해요. 여기서 한 가지 의문이 생길 수 있어요. 일반 펀드도 있는데 왜 굳이 골치 아프게 또 다른 펀드인 ETF를 만들었느냐는 거죠.

맞아요. ETF도 펀드와 비슷한 구조를 갖고 있다는 점에서 간접투자이자 분산투자라는 상품 자체의 성격에는 큰 차이가 없다고 보는 게 맞아요. 그런데 ETF의 가장 큰 강점은 저렴한 수수료예요. 일반 펀드에 가입하려면 펀드매니저에게 수고비를 줘야 하고, 판매사에는 판매 수수료를 지급해야 한다고 했었죠. 그런데 ETF는 내가 직접 거래소를 통해 사고팔 수 있어 판매 수수료가 거의 없어요. 쉽게 말해 중간 판매자가 없는 '직거래 펀드'인 셈이죠. 또 굳이 펀드에 가입하려고 은행이나 증권사를 방문할 필요가 없다는 점도 일반 펀드와는 다른 점이죠. 즉 편리함과 낮은 비용이 ETF의 가장 큰 장점이라고 할 수 있어요.

어떤 ETF를 골라야 할까요

ETF의 매매 방식을 익혔다면 이제는 ETF를 고르는 방법에 대해 알아봐야겠죠? ETF는 펀드와 비슷한 부분이 많아 이름도 비슷한 경우가 많아요. 다만 ETF는 주식시장에서 바로 거래할 수 있다는 특징 때문에 이런 부분이 반영된 상품이 많이 있어요.

펀드가 최소 몇 개월에서 몇 년 단위로 묶어두는 상품이라면, ETF는 그보다 짧게 거래할 수 있도록 만들어진 투자상품이라고 봐도 좋을 것 같네요. 가장 대표적인 상품이 지수형 ETF예요. 지수를 따라간다는 의미에서 지수추종형 ETF라고도 하는데, 여기서 지수는 앞서 얘기한 코스피(한국), 닛케이(일본), S&P(미국) 등 나라별 대표 지수를 의미해요. 즉 펀드로 말하면 인덱스펀드인 셈인데, 이 인덱스펀드를 주식처럼 편리하게 거래할 수 있게 만든 게 지수형 ETF인 거죠.

아 참! 인덱스펀드는 세계적인 투자 대가인 워런 버핏 할아버지가 가장 안전하고 유망한 투자 상품이라고 치켜세우기도 했답니다. 대표적인 지수형 ETF로는 미국 S&P500 지수를 따라가는 'SPDR ETF', 나스닥지수를 추종하는 '인베스코 ETF' 등이 있고, 우리나라 코스피200지수를 추종하는 상품도 다양하게 있어요.

==지수형 ETF는 주식을 처음 접하는 초보 투자자에게 적합한 상품==이라는 평가가 많아요. 주식투자는 개별 주식의 특성이나 해당 기업이 속한 산업에 대해 잘 알아야 투자할 수 있지만, 지수형 ETF는 전체적인 시장 흐름만 파악해도 큰 무리가 없기 때문이죠.

요즘 뜨는 메타버스에 투자하기

지수형 ETF가 대표 지수를 추종하는 상품이라면, 특정 산업에 투자하는 ETF도 있어요. 특정 분야라는 뜻의 섹터(sector)란 단어를 붙인 섹터형 ETF예요. 섹터형 ETF 역시 펀드와 마찬가지로 다양한 산업에 투자가 가능해요. 정보기술(IT), 헬스케어산업을 비

메타버스(Metaverse)
가상이나 추상을 뜻하는 메타(meta)와 우주, 세계를 뜻하는 유니버스(universe)의 합성어

제페토에서 걸그룹 블랙핑크 아바타가 활동을 해요.

명품 구찌 아이템이 제페토에 등장하기도 했어요.

롯해 에너지, 통신, 4차 산업혁명 등등 투자 범위도 다양하죠.

세계적으로 ETF가 큰 인기를 끌면서 글로벌 시장의 투자 트렌드를 앞서가는 상품도 많이 등장하고 있답니다. 최근 가장 뜨거운 ETF가 바로 메타버스예요. 한 번쯤은 들어본 적 있죠? 메타버스는 가상이나 추상을 뜻하는 메타(meta)와 우주, 세계를 뜻하는 유니버스(universe)의 합성어예요. 즉 가상과 현실 세계를 합친 새로운 공간을 의미하죠. 여러분이 좋아하는 게임 속 캐릭터나 SNS 속 아바타처럼 내가 직접 가상세계에 들어가 있는 것처럼 느낀다면, 이 세계가 바로 메타버스인 거예요. 특히 Z세대로 불리는 지금의 어린이들은 태어날 때부터 모바일 기기와 함께 커온 디지털 세대라는 점에서 이런 메타버스는 더욱 성장할 것이라는 기대가 커 투자 가치도 덩달아 높아지고 있답니다. 친환경산업, 그리고 미래 유망 산업을 묶은 4차 산업혁명 등도 요즘 유행하는 ETF 상품이에요.

여기에 더해 ETF 인기에는 또 다른 비결이 있어요. 바로 레버리지 ETF, 인버스 ETF라는 상품이에요. ==영어로 레버리지(leverage)==

알아두세요

주요 메타버스 ETF

회사	상품	특징	대표 종목
미래에셋 글로벌엑스	Video Games & Esports ETF	게임 산업에 집중 투자	엔비디아, 액티비전 블리자드, 일렉트로닉 아츠, 넷이즈
아크 인베스트	Next Generation Internet ETR	차세대 인터넷 산업에 집중 투자	테슬라, 쇼피파이, 트위터, 로블록스

*6월 28일 기준. 자료 : 삼성자산운용·KB자산운용·etf.com

는 지렛대를 의미하는데, 지렛대를 이용하면 실제 힘보다 몇 배나 더 무거운 물건을 들어 올릴 수 있다는 것을 과학 시간에 배웠을 거예요. 그래서 레버리지 ETF는 내가 거둔 실제 수익률보다 몇 배의 수익률을 낼 수 있도록 설계된 상품이에요.

이를테면 내가 10만원을 투자해 20%의 수익률을 거뒀다면 2만원이 내 수익이지만, 레버리지 ETF를 활용하면 그 두 배인 4만원이 내 수익이 되는 거죠.

하지만 여기서 꼭 주의해야 할 점이 있어요. 반대로 레버리지 ETF에 투자해 손실을 봤다면 손실 규모도 두 배가 된다는 거죠. 그러니 아주 공격적이면서 위험한 상품이라 개인투자자가 가장 조심해야 할 상품으로 꼽혀요.

그리고 인버스 ETF의 인버스(inverse)는 영어로 '반대 방향'을 의미해요. 이 상품은 내가 투자한 지수가 떨어질 때 수익이 나는 동화 속 청개구리 같은 상품이랍니다. 청개구리는 엄마 말과 반대로 행동하다가 좋지 않은 결말로 이어지지만, 인버스 ETF는 지수가 많이 떨어질수록 그만큼 높은 수익을 낼 수 있어요. 대개 이런 인버스 상품은 코스피지수가 갑자기 많이 떨어지는 위험한 경우에 대비해 투자하는 경우가 많아요. 지수 급락으로 수익률이 크게 나빠지더라도 인버스 ETF에 일정 금액을 넣어두면 손해 보는 금액이 그만큼 줄어들기 때문이죠.

보통 이런 상품을 파생 금융상품이라고 하

는데, 우리가 일반적으로 생각하는 투자에서 파생됐다는 의미에서 나온 단어예요. 그만큼 다양하고 이해하기 어려운 상품이 많아요.

펀드와 ETF도 나누는 게 좋아요

앞에서 '계란을 한 바구니에 담아서는 안 된다'는 투자 원칙을 배웠죠. 펀드나 ETF 역시 마찬가지예요. 펀드와 ETF는 주식에 비해 상대적으로 안정적인 상품인 것은 분명하지만 이들 상품 역시 손실 위험이 있는 투자상품이에요. 이 때문에 보다 안정적인 투자를 위해서는 분산 투자 원칙을 꼭 지켜야 한답니다. 이런 분산 투자 형태를 '포트폴리오(portfolio) 투자'라고 하는데, 많은 전문가가 8 대 2나 7 대 3 정도의 포트폴리오 구성을 바람직한 것으로 봐요. 여기서 7~8의 비중인 핵심 펀드에는 주식시장과 비슷하게 움직이는 대형주, 우량주, 인덱스펀드 중심의 펀드를 넣고, 나머지 2~3의 비중에는 중소형주나 파생상품으로 펀드를 구성하는 방식이죠.

포트폴리오 투자에도 유의해야 할 부분이 있어요. 분산 투자라고 해서 무조건 많은 펀드와 ETF에 투자해서는 안 된다는 거예요. 모든 투자 상품에는 수수료와 같은 거래 비

알아두세요

펀드 투자때 주의할 점

❶ 원금손실 가능성도 생각해 보세요
펀드도 반드시 원금을 보장할 수 있는 상품은 아니기때문에 원금 손실 발생 가능성은 늘 존재합니다. 자신이 어느 정도까지 원금 손실을 견딜 수 있는 지도 살펴봐야 해요.

❷ 펀드를 운용하는 자산운용회사를 면밀히 살펴보세요
펀드라는 상품을 직접적으로 운용하는 곳이 자산운용회사예요.
자산운용회사에서 펀드를 얼마나 잘 운용하느냐에 따라 투자 수익률이 결정되지요. 따라서 펀드 투자 전에 해당펀드를 운용하는 회사에 대해 꼭 살펴봐야 합니다.

❸ 해외펀드는 환율변동을 고려해야 해요
해외에 투자하기 위해서는 해당국의 통화(달러, 유로화 등)로 환전한 후 투자가 이루어집니다.
환율은 국내외 경제 상황 등에 따라 변동이 생기기 때문에 해외 자산 가격의 변동이 없어도 환율이 달라지면 손익의 변동이 발생할 수 있어요. 따라서 반드시 환율변동위험 관리에 대한 전략까지 살펴보고 투자해야 한답니다.

용이 발생하는데, 투자하는 상품이 많을수록 이런 비용이 늘어나 오히려 불리할 수 있기 때문이죠. 따라서 분산 투자를 생각할 때는 상품 개수보다는 다양한 성격의 상품에 투자하는 것이 더 유리하다는 점도 꼭 명심해야 한답니다.

채권 투자도 알아봐요

큰돈을 비교적 안전하게 굴리는 채권 투자

우리는 누군가에게 돈을 빌릴 때 '차용증'이라는 것을 쓰게 됩니다. 차용증은 얼마의 금액을 빌렸고, 언제까지 이 돈을 돌려주겠다는 서약이 담긴 증서랍니다. 이 문서가 있어야 돈을 빌려줬다는 사실이 증명되기 때문에 개인 간 돈 거래를 할 때 자주 쓰죠.

정부나 공공기관, 기업도 필요한 자금을 빌릴 때 차용증서와 비슷한 것을 써요. 이것을 채권이라고 부릅니다. 채권에는 자금을 갚아야 하는 날짜와 원금, 발행이율 등 여러 가지가 표시되는데요. 특히 발행이율은 투자자가 채권을 통해 가져갈 수 있는 이자를 뜻하는 아주 중요한 정보입니다.

발행이율은 채권을 발행하는 곳의 신용등급에 따라 천차만별로 달라져요. 예를 들어 자본력이 탄탄한 A회사는 높은 신용등급을, 자금난에 처한 B회사는 낮은 신용등급을 받았다고 가정해 봅시다. 두 회사가 동시에 채권을 발행했을 때 어느 회사 채권의 이율이 더 높을까요? 바로 B회사입니다. 투자자 입장에서 투자 위험도가 높은 곳에 돈을 빌려주는 만큼 그에 따른 이자도 더 많이 받기를 원하겠지요. 반대로 빌려준 돈을 잃어버릴 염려가 적은 A회사의 채권 발행이율은 낮을 수밖에 없겠죠.

다양한 회사의 주식을 다양하게 거래할 수 있는 주식시장과 달리 채권시장에는 큰돈을 가진 부자나 기관투자가만 참여할 수 있다

고 알고 있는 사람이 많아요. 금액 단위가 워낙 크니까요. 여전히 기관투자가가 채권시장에서 큰 비중을 차지하고 있긴 하지만 개인투자자도 충분히 채권 투자에 도전할 수 있답니다.

채권의 종류

본격적인 채권 투자 방법에 대해 알아보기 전에 채권의 종류부터 알아보는 게 좋겠죠? 채권은 발행하는 곳에 따라 각각 다른 이름으로 불려요. 가장 대표적인 채권으로는 정부가 발행하는 국고채가 있어요. 우리나라 정부 부처인 기획재정부가 나라 살림을 꾸리다 보면 자금이 부족한 경우가 생기기도 해요. 이때 부족한 돈을 보충하기 위해 발행하는 채권이 국고채예요. 나라에서 국회의 의결까지 받아 발행하는 채권이기 때문에 수많은 채권 종류 중에서도 신용도가 가장 높아요. 비슷한 종류로는 지방정부가 발행하는 지방채가 있어요.

다음으로는 회사채가 있습니다. 회사채는 일반 기업이 큰돈이 필요할 때 발행하는 채권이에요. 1년 이상의 긴 시간 동안 큰 자금을 빌려 쓸 수 있어 많은 기업이 유용하게 활용하는 자금 조달 수단이에요. 채권을 발행한 기업이 정해진 만기 날짜까지 망하지만 않는다면 약속했던 원금과 이자를 받을 수 있죠.

이것만은 꼭!

- **국채(국고채)**
  국가가 재정정책의 일환으로 발행하는 채권으로 정부가 원리금의 지급을 보증한 채권이예요. 국채 안에는 일반재정적자를 보전하거나 재정자금의 수급조절을 위하여 발행되는 일반국채, 특정사업의 재원조달을 위한 사업국채, 국가의 보상재원을 마련하기 위한 보상채권 등이 있어요.

- **지방채**
  지방정부 및 지방공공기관 등이 지방재정법의 규정에 따라 특수목적 달성에 필요한 자금을 조달하기 위해 발행하는 채권이예요.

- **특수채**
  특별한 법률에 의해서 설립된 기관이 특별법에 의해 발행하는 채권입니다. 정부가 원리금의 지급을 보증하는 것이 일반적이예요.

- **금융채**
  특별법에 따라 설립된 금융회사가 발행하는 채권입니다. 금융채의 발행은 특정한 금융회사의 중요한 자금조달수단의 하나이고, 이렇게 조달된 자금은 주로 장기 산업자금에 사용됩니다.

- **회사채**
  상법상의 주식회사가 발행하는 채권으로 채권자는 주주의 배당에 우선해 이자를 지급받게 되며 기업이 도산하거나 청산할 경우 주주보다 먼저 기업자산에 대한 청구권을 가지게 됩니다.

또 금융회사가 발행하는 채권은 금융채라고 불러요. 금융채 중에서도 은행이 발행하는 채권은 은행채, 카드회사 같은 여신전문회사가 발행하는 채권은 여전채라고 부른답니다. 이 밖에 공공기관이 발행하는 특수채가 있어요. 한국전력공사나 한국도로공사처럼 특별법에 의해 설립된 공기업이 발행하는 채권이에요. 이 채권 또한 나라에서 지급을 보증하기 때문에 안전성이 높은 편이랍니다.

채권에 이렇게 투자해요

채권 투자를 할 때 꼭 거액의 투자금이 있어야 하는 것은 아닙니다. 주식처럼 소액으로도 얼마든지 투자할 수 있어요. 증권사 홈트레이딩시스템(HTS)을 통해 주식을 사고파는 것처럼 자유롭게 거래할 수 있거든요. 증권회사 계좌만 갖고 있다면 직접 증권회사에 방문해서 투자하는 것도 가능해요.

가장 손쉬운 방법은 아무래도 HTS를 이용하는 것이겠죠? HTS 메뉴에서 '장내 채권'을 택하면 어떤 종목의 수익률이 높은지 살펴볼 수 있어요. 장내 채권은 한마디로 한국거래소에 등록된 채권을 뜻해요. 거래할 수 있는 시장 참여자의 제한이 없어서 기존 주식 거래에 익숙한 사람이라면 어렵지 않게 도전할 수 있어요.

반면 한국거래소에 상장되지 않고 증권회사가 개별적으로 갖고 있는 장외 채권이라는 것도 있어요. 시장 밖에 있다는 뜻이죠. 증권회사나 중개회사가 중간에서 채권을 사고파는 것을 도와주고, 가격 협상까지 조율해줘요. 보다 다양한 채권을 원한다면 증권회사와의 상담을 통해 좋은 장외 채권을 찾아보는 것도 방법이에요.

아무래도 장외 채권은 장내 채권에 비해 접근성이 떨어지다 보니 기관투자가가 참여하는 경우가 많지만 요즘은 개인투자자의 관심도 점점 높아지고 있다고 해요. 증권회사가 갖고 있던 장외 채권을 잘게 쪼개서 개인에게 일부를 판매하는 방식이어서 기관투자가가 거래하는 것처럼 수백억원 규모의 큰돈이 필요하지 않아요. 요즘은 증권회사들이 장외 채권을 편리하게 매매할 수 있는 온라인 서비스를 선보이고 있어 앞으로는 좀 더 다양한 방식의 채권 거래가 가능할 거예요.

채권금리와 수익률은 반대로 움직여요

채권 투자를 했을 때 얻을 수 있는 가장 중요한 수익은 처음 거래할 때 약속했던 이자예요. 그런데 만기 때까지 기다리지 않더라도, 채권 가격의 변화를 지켜보다 높은 가격에 팔면 주식처럼 수익을 얻을 수도 있어요. 예금이나 적금처럼 만기까지 기다리지 않아도 언제든지 팔아 수익을 낼 수 있다는 게 채권의 장점 중 하나로 꼽혀요.

채권 투자를 처음 접한 사람이 가장 헷갈려 하는 것이 채권금리(시장금리)와 채권 수익률의 관계예요. 채권 수익률은 금리와 정반대로 움직이거든요. ==금리가 오를 때는 채권 수익률이 낮아지고, 금리가 내릴 때는 채권 수익률이 올라간다==고 해요. 왜 이런 현상이 발생하는 걸까요?

우리가 10만원의 액면 가격에 연 10% 이자율로 발행된 채권을 샀다고 생각해 봅시다. 그런데 갑자기 시장금리가 15%로 올라가면 기존에 우리가 샀던 채권의 가치는 어떻게 될까요. 상대적으로 인기가 덜한 상품이 되겠죠. 비교적 이자율이 낮은 상품이 됐으니까요. 자연스럽게 채권 가격도 떨어집니다. 반대로 시장금리가 5%로 떨어지는 경우를 생각해 볼까요? 우리가 샀던 기존의 채권 가격은 자연히 높아집니다. 결과적으로 금리가 오르면 채권 가격은 떨어지고, 금리가 떨어지면 채권 가격은 올라가는 현상이 나타나는 것이죠. 간단하죠?

슬기로운 주식생활 5단계

계좌 만들기와 세금

이제 주식 투자를 어떻게 하는지 이해가 됐죠? 자신감도 어느 정도 생겼을 거예요. 그럼 부모님의 손을 잡고 증권회사로 가봅시다. 실제 거래를 하려면 주식 계좌를 만들어야 하니까요. 비록 적은 금액이라도 한 주씩 사 모으다 보면 여러분도 회사의 당당한 주인이 돼 있을 거예요. 아, 그리고 부모님께서 투자금을 도와줬다면 반드시 알아야 할 것이 있어요. 증여세가 무엇인지도 이번 단계에서 공부해봐요.

주식계좌는 어떻게 만들지?

거래 프로그램 활용하기

주식에 대해서 알아봤으니 이제 직접 투자해봐야겠죠? 우선 여러분은 미성년자여서 혼자서 무엇을 할 수는 없습니다. 부모님과 함께 상의하고 계좌를 개설해야 한답니다. 물론 계좌를 만든 후에도 실제 투자를 하기 전에 부모님과 대화하면서 결정하고 투자하는 것이 좋겠지요.

'비대면'이란 말을 많이 들어봤을 거예요. 실제로 얼굴을 마주하지 않고 화상이나 음성으로 업무를 처리하는 것을 말해요. 증권사에 계좌를 개설할 때도 요즘은 증권회사 건물로 찾아가지 않고 컴퓨터, 스마트폰으로도 가능하답니다. 비대면으로 계좌를 만드는 거예요. 이때 휴대폰과 공동인증서, 신분증이 필요해요.

우선 휴대폰으로 원하는 증권회사 앱을 깔고 계좌를 개설해 상품을 선택하면 됩니다. 다음으로 공동인증서가 필요합니다. 인증서는 사이버 공간에서 행하는 거래 등에서 사용자 인증에 필요한 일종의 전자신분증입니다. 사실 인터넷상에서는 누가 누군지 모르기 때문에 본인임을 인증해줄 신분증이 필요하죠. 바로 그 역할을 하는 것이 공동인증서입니다.

어린이 주식 투자 방법

증권 계좌 개설 — Step 1
부모님과 함께 증권회사 영업장을 방문 합니다.
※필수 준비물: 본인 이름으로 된 기본증명서(동사무소에 신청하면 발급 가능해요.), 가족관계증명서, 법적 보호자의 신분증, 계좌 명의자의 도장

주식 앱 설치 — Step 2
휴대폰에 증권회사의 앱을 설치하거나 컴퓨터로 증권사 프로그램을 내려 받아요.

증권 계좌에 송금 — Step 3
개설한 증권계좌에 돈이 있어야 주식 거래를 할 수 있어요. 부모님과 함께 상의한 투자금을 증권 계좌에 입금합니다.

주식 종목 고르기 — Step 4
주식 시장에 나와있는 수많은 주식 중 원하는 종목을 골라야 해요. 주식을 발행하는 회사에 대해 꼼꼼하게 알아본 뒤 어느 회사의 주식을 얼마나 살 건지 미리 결정합니다.

주문서 작성 — Step 5
주식의 종목명과 수량, 거래 방법 등을 표시한 뒤 주문서를 내고 조건이 맞으면 주식 거래를 할 수 있어요.

주식 체결 — Step 6
주문서에 따라 계약이 체결되면 해당 주식의 주인이 되고 그 회사의 주주가 되는 거예요.

이 인증서 안에는 인증서를 발행한 기관의 식별정보, 가입자의 성명 및 식별정보, 전자서명 검증키, 인증서 일련번호, 유효기간 등이 포함돼 있다고 해요. 이를 활용해 본인이 어떤 거래에 동의했다는 서명을 대신하는 것입니다. 서명은 법적 효력을 가지기 때문에 항상 조심해야 합니다. 그래서 공동인증서 관리를 철저히 해야 합니다.

다만 비대면 계좌 개설은 여러분 혼자선 할 수 없습니다. 바로 공동인증서 발급이 미성년자는 가능하지 않기 때문입니다. 그래서 여러분은 부모님과 함께 증권회사 영업장을 방문해 계좌를 개설해야 합니다. 이때 필요한 서류는 본인 이름으로 된 기본증명서, 가

알아두세요

주식 거래시 사용되는 용어를 살펴볼까요?

종목명 주식을 발행한 회사의 이름을 말해요.

종목코드 주식을 발행하는 회사마다 거래소에 등록된 회사번호가 있어요. 이걸 종목코드라고 합니다. 종목명과 종목코드 중 한 가지만 정확하게 알면 원하는 주식을 찾을 수 있어요.

주문종류 주식을 살 것인지 팔 것인지를 표시하는 것을 말해요. 주식을 사는 것을 매입 혹은 매수라고 하고, 파는 것을 매도라고 해요. 자칫 헷갈려서 원하지 않은 거래를 할 수도 있으니 신중하게 표시해야 합니다.

거래수량 몇 주를 살 것인지 혹은 팔 것인지를 표시해요.

가격 주식을 사거나 팔기를 희망하는 가격을 말해요. 거래되고 있는 주식의 가격을 보고 내가 원하는 가격을 제시해 주문을 넣어요. 주문을 한다고 해서 모든 주문이 거래가 되는 것은 아닙니다. 내가 제시한 조건에 만족하는 상대방이 나타나야만 거래가 이루어져요.

족관계증명서, 법적 보호자의 신분증, 여러분의 도장이 필요합니다. 미성년자이기 때문에 법적 보호자의 동의가 있어야만 계좌 개설이 가능한 것입니다.

주식 앱 설치

증권회사 영업점에서 계좌를 개설하면 이제 휴대폰에 앱을 설치하거나 컴퓨터로 관련 프로그램을 내려받을 수 있습니다. 과거와 비교하면 여러분은 참 편한 세상에 살고 있는 셈입니다. 예전에는 주식을 사거나 팔기 위해 주문을 낼 때 객장에 찾아가거나 전화로 주문을 했습니다. 참 귀찮은 일이었어요. 하지만 요즘은 대부분 컴퓨터와 휴대폰을 이용해 주문합니다. 컴퓨터에 프로그램을 내려받아 이용하는 증권회사별 프로그램을 '홈 트레이딩 시스템(HTS)'이라고 합니다. 휴대폰으로 증권회사의 주식거래 앱을 사용하는 방식은 '모바일 트레이딩 시스템(MTS)'이라고 불러요.

HTS나 MTS를 사용하면 주식을 직접 사고팔거나 관련 금융상품에 투자할 수 있습니다. 그리고 본인의 자산을 관리하고 은행과 마찬가지로 다른 금융회사와 뱅킹업무를 처리할 수도 있어요.

꼭 알아야 할 세금, 증여세

어린이 투자자에게 필요한 세금 상식

세계적인 기업가와 금융 부자가 많은 유대인은 13세가 되면 '바르 미츠바'라는 성년식을 합니다. 이때 성년이 되는 사람은 부모님과 축하객으로부터 세 가지 선물을 받아요. 성경책과 손목시계, 축의금이랍니다. 성경은 신 앞에 부끄럽지 않은 사람으로 살라는 뜻이고, 시계는 약속을 잘 지키고 시간을 소중히 하라는 의미를 담고 있습니다. 축의금도 수천만원에서 1억원 안팎까지 모아 준다고 합니다. 이 돈을 씨앗 삼아 청년 시절부터 적극적으로 투자하고 창업을 통해 돈을 효율적으로 불리는 걸 배운다고 해요. 세계적인 부자가 많이 나오는 데는 그만한 이유가 있었네요.

여러분도 금융에 대한 지식은 유대인 못지 않다고 자신하는데 막상 주식을 사려니 혹시 돈이 없나요? 내가 받는 용돈은 너무 적고요. 그렇다면 부모님께 도움을 요청해봐야겠죠. 그런데 부모님이 주식 살 돈을 지원해준다고 해도 마음대로 받을 수 없어요. 국

알아두세요

증여세율

과세표준	세율	누진공제
1억원 이하	10%	-
1억원 초과 ~ 5억원 이하	20%	1000만원
5억원 초과 ~ 10억원 이하	30%	6000만원
10억원 초과 ~ 30억원 이하	40%	1억6000만원
30억원 초과	50%	4억6000만원

가는 세금을 걷어서 나라를 지키고, 어려운 사람도 돕고, 경제를 살리는 데 써요. 그래서 소득이 있는 곳에는 반드시 세금이 있다고 생각하면 돼요.

부모님이 내게 주식 살 돈 500만원을 주셨다면 내 소득이 500만원 생긴 거랍니다. 그러니 세금을 내야겠죠. 이렇게 ==부모님, 친척으로부터 돈을 받으면 반드시 국세청에 증여세 신고를 하고 세금을 내야 해요.==

Q 증여세 신고 꼭 해야 하나요?

A 아주 큰돈도 아닌데 그냥 받으면 되는 거 아니냐고요? 그러면 나중에 문제가 생길 수 있어요. 국세청은 금융거래 자료를 관리하고 있어요. 신고하지 않고 돈을 준 것이 세무조사 등을 통해 밝혀지면 세금을 더 물어야 해요. 그래서 미리 신고하고 3% 더 공제(할인)받는 게 훨씬 유리하답니다. 특히 버는 돈이 없는데 비싼 부동산이나 예금, 주식을 보유하고 있는 미성년자는 조사 대상이 될 가능성이 높아요.

내가 열 살 때 부모님이 주신 1000만원으로 주식을 샀는데, 주가가 꾸준히 올라 10년 후 1억원이 됐다고 가정해봐요. 아직 소득이 없는 대학생인데 그렇게 큰돈을 가지고 있다면 국세청이 돈의 출처를 밝히라고 할 거예요. 객관적으로 입증하지 못하거나, 입증했어도 세금신고를 하지 않았기 때문에 더 많은 세금을 내야 해요. 미리 신고했으면 세금을 덜 내도 되는데 말이죠.

Q 증여세는 얼마나 내는 건가요?
A 세금 관련 법은 다른 사람에게 자산을 증여할 경우 증여재산에서 일정 금액을 공제할 수 있도록 정했어요. 증여세는 액수에 따라 세금을 내는 비율이 달라요(표 참조). 과세표준 금액이 1억원 이하면 10%, 1억~5억원 20%, 5억~10억원 30%, 10억~30억은 40%, 30억원을 초과하면 50%의 증여세를 내야 해요. 물론 여기에는 일정 액수를 면제해주는 누진공제라는 것이 있긴 하지만요. 증여세는 증여받은 사람이 내는 게 원칙이에요. 부모님이 내 증여세를 대신 내주면 그 액수만큼 추가 증여한 거로 본답니다.

Q 세금을 아끼는 방법은 없나요?
A 10년 누적액이 열두 살(미성년)인 나는 2000만원, 대학생이 된 형(만 19세 성인)은 5000만원까지 세금을 내지 않아도 돼요. 이를 증여재산 공제라고 하는데, 증여를 하는 사람(부모님)이 아니라 증여를 받는 사람(나)을 기준으로 산정해요. 아빠가 2000만원, 엄마가 2000만원을 나한테 주면 4000만원이 되니까 초과한 2000만원에 대해서는 세금을 내야 해요. 부모님 말고 할아버지, 할머니로부터 돈을 받았다면 증여세액의 30%를 더 내야 해요. 이 경우에도 미성년 손자는 2000만원, 성인 손자는 5000만원까지 세금을 내지 않아요. 현명한 ==부자들은 일찌감치 증여를 시작하고 증여세 신고를 한답니다.==

Q 증여세는 어떻게 신고하나요?
A 증여세 신고는 세무서에 가서 하기도 하고, 국세청 홈페이지(홈택스)에서도 할 수 있어요. 증여세를 신고할 때는 △가족관계증명서 △증여 내역을 증명할 수 있는 통장 입출금 내역 △증여받는 사람의 공동인증서(온라인 신고 시)를 준비해야 해요. 증여신고 기한은 부모님이 내 통장에 입금한 달의 마지막 날로부터 3개월 이내라고 생각하면 돼요. 1월 3일에 입금했다면 1월 말일부터 3개월 후인 5월 말까지 신고하면 돼요. 증여 신고 기한을 잘 지키면 납수세액의 3%를 추가로 공제해 준답니다.

슬기로운 주식생활 6단계

원금을 지키고 싶다면

축구할 때 모든 선수가 공격만 하면 어떻게 될까요? 골문이 텅 비어서 상대 팀에 점수를 많이 내줄 거예요. 투자도 마찬가지예요. 공격만 해선 안 되고 수비도 탄탄하게 해야 한답니다. 위험이 상대적으로 낮은 은행 상품이 이런 수비 역할을 해요. 예금과 적금을 어떻게 활용하면 좋은지 알아볼 거예요. 예금자들을 안전하게 보호해주는 장치도 소개합니다. 여러분의 상식을 키워줄 돈의 역사도 살펴볼 거예요.

안전한 투자 방법, 저축

저축은 돈 모으기의 출발점

우리가 갖고 있는 자산으로 최대한 많은 수익을 내고 싶은 욕심은 누구나 마찬가지일 거예요. 특히 요즘처럼 은행에 돈을 맡기고 받을 수 있는 이자가 낮을 때는 차곡차곡 저축하는 것을 조금은 답답하게 바라보는 시선이 많답니다. 은행에 돈을 가만히 묵혀 두는 것보다는 주식이나 펀드에 투자해 높은 수익률을 올리는 게 훨씬 낫다고 생각하는 분들이 많아요.

하지만 모든 자산을 주식이나 펀드와 같은 투자상품에만 집어넣는 것은 좋은 재테크 방법이라고 하기 어려워요. 특히 주식은 대표적인 위험자산으로 꼽히잖아요. 투자 수익이 높은 만큼 돈을 잃을 가능성이 상대적으로 크죠. 눈앞의 고수익을 얻기 위해 아무런 공부 없이 섣불리 투자했다가는 오히려 원금까지 잃어버리는 낭패를 겪을 수 있거든요. 따라서 ==위험자산과 안전자산에 골고루 투자하는 습관을 들이는 게 중요==한데요. 우선 자신의 전체 금융자산에서 어느 정도 금액을 위험자산에 넣을지 그 비중을 곰곰이 따져본 뒤 계획적으로 투자할 필요가 있습니다.

앞에서 주식 공부 시간에 '100-나이'의 법칙을 배웠죠? 숫자 100에서 여러분의 나이를 뺀 숫자만큼의 비중을 위험자산에 넣는 투자법이죠. 만약 여러분의 나이가 열두 살이라면 100에서 12를 뺀 88%의 돈을 고위험·고수익 자산에 투자하는 것이죠. 현명한 투자를 위해 가장 먼저 고려해야 할 부분은 다름 아닌 투자자의 나이입니다. 나이에 따라서

돈을 벌 수 있는 규모가 달라지고, 은퇴하기까지 남아 있는 시간에도 차이가 생기기 때문이죠. 만약 나이가 어리다면 투자를 통해 실패를 겪었다고 해도 이를 만회할 수 있는 시간이 많아요. 여러분이 용돈으로 모은 10만원을 주식에 모두 투자했다가 50%의 손실을 입었다고 상상해 봅시다. 물론 여러분에게는 아주 큰 손실이지만 지금 당장 생활이 크게 변화하지는 않을 거예요.

하지만 할머니나 할아버지처럼 이미 은퇴한 분들이라면 상황이 달라요. 조그마한 투자 실수 하나로 노후 생활이 매우 불안정해질 수 있거든요. 은퇴 이후에는 활발하게 일을 해서 벌 수 있는 소득이 급격하게 줄어들거나 아예 없을 수도 있기 때문에 자산을 안정적으로 지키는 것을 최우선으로 여겨야 합니다. 그럼 우리가 안전자산에 투자하기로 마음먹었을 때 가장 먼저 고려해야 할 투자자산은 무엇일까요? 바로 투자의 기본이라고 할 수 있는 저축입니다.

이자를 알아야 저축이 보여요

은행에 돈을 맡겼을 때 가장 좋은 점은 우리의 자산을 안심하고 맡길 수 있다는 것입니다. 정말 특수한 경우가 아니라면 우리가 맡긴 원금을 잃을 염려가 없고, 별도의 수수료를 내지 않고도 원하는 기간만큼 돈을 맡겼다가 찾을 수 있죠. 개인이 자유롭게 이용할 수 있는 가장 안전한 '무료 금고'라고 생각하면 좋아요. 만약 우리가 아끼는 물건을 잠깐 물품보관소에 보관한다고 생각해 봅시다. 불과 몇 시간 남짓 보관한다고 해도 별도의 보관료를 내야 하죠.

하지만 은행은 우리의 자산을 무료로 지켜줄 뿐만 아니라, 추가로 돈을 얹어 주기까지 합니다. 이렇게 얹어 주는 돈을 이자라고 부릅니다.

저축에 대해 제대로 알기 위해서는 우선 이자가 무엇인지 짚어볼 필요가 있어요. 은행 이자의 종류는 크게 단리와 복리로 나눌 수 있어요. 처음 맡긴 원금에 대해 지급하는 단리는 이자가 한 차례만 붙기 때문에 쉽게 계산할 수 있어요. 원금 1000만원에 연 10%의 이자율이 적용된다면 1년 후 받을 수 있는 이자는 100만원이 됩니다. 아주 간단하죠?

하지만 복리는 조금 복잡합니다. ==원금에 이자가 붙었다면, 그다음에는 이자까지 포함한 금액에 다시 이자가 생기거든요.== 시간이 흘러 이자가 쌓일수록 단리보다 훨씬 더 많은 수익을 얻게 되겠죠. 따라서 같은 이자율이라도 단리인지, 복리인지에 따라 최종적으로 받을 수 있는 전체 이자에는 굉장히 많은 차이가 생깁니다.

예를 들어 1000만원에 연 10%의 복리 이율

단리와 복리 계산법

단리 계산식

$$FV = PV \times [1 + (r \times n)]$$

FV = 미래가치
PV = 현재가치
r = 수익률 (연이율)
n = 투자기간 (연 단위)

예시 100만원을 연 3%의 이자율로 2년 동안 단리로 저축하면 얼마가 될까요?
1,000,000원×(1+(0.03×2))=1,060,000원

즉, 100만원의 2년 후 미래가치는 <u>1,060,000원</u>이 됩니다.

이 적용된다고 해봅시다. 1년 동안 원금에 붙는 이자는 100만원이지만, 오래 투자할수록 '이자에 붙는 이자'가 늘어납니다. 10년이라는 시간 동안 돈을 맡겼다고 가정해 볼까요? 이 경우 이자에 대해 붙는 이자는 593만원이 됩니다. 투자 기간이 길수록 이자에 대한 이자는 눈덩이처럼 불어나는 것이죠. 이런 복리의 특성 때문에 '복리의 마법'이라는 표현이 자주 쓰인답니다.

복리의 마법을 좀 더 쉽게 체감할 수 있는 사례를 하나 소개해 드릴게요. 17세기 네덜란드 동인도 회사의 총독이었던 피터 미누이트의 이야기인데요. 피터 미누이트는 1626년 인디언들에게 24달러(약 2만7000원) 정도의 값을 치르고 미국 맨해튼을 샀다고 해요. 수백 년이 지나 치솟은 땅값을 생각하면 인디언들이 너무 싼값에 땅을 팔아 넘겼다고 생각할 수 있는데요.

그런데 만약 이 24달러를 300년 이상 복리로 투자했다면 어떤 결과가 생겼을까요? 아마 지금쯤 맨해튼뿐만 아니라 미국의 모든 땅을 사고도 남을 정도로 어마어마한 부가 축적됐을 것이라는 게 금융 전문가들의 계산이에요. 복리의 힘은 정말 엄청나죠?

복리 계산식

$$FV = PV \times (1 + r)^n$$

FV = 미래가치
PV = 현재가치
r = 수익률 (연이율)
n = 투자기간 (연 단위)

예시 100만원을 연 3%의 이자율로 2년 동안 복리로 저축하면 얼마가 될까요?
1,000,000원 × (1+0.03)² = 1,060,900원

즉, 100만원의 2년 후 미래가치는 <u>1,060,900원</u>이 됩니다.

예금과 적금 차이 알아보기

목돈은 예금으로
푼돈은 적금으로

은행에서 가입할 수 있는 대표적인 저축상품에는 적금과 예금이 있어요. 두 가지 상품의 구별은 간단해요. **적금은 '쌓는 것'**이고 **예금은 '맡기는 것'**이에요. 적금은 매달 돈을 조금씩 모아 목돈을 만드는 상품이고, 예금은 이미 갖고 있는 목돈을 한꺼번에 은행에 넣어두는 상품이에요. 따라서 큰돈을 만들고 싶다면 정기적금에 가입하면 되고, 목돈이 새어 나가지 않도록 묶어 두고 싶다면 정기예금에 가입하면 됩니다.

정기적금과 정기예금 모두 가입기간이 정해져 있어요. 처음 상품에 가입할 때 약속했던 가입기간을 다 채우는 것을 만기라고 불러요. 처음 예·적금 상품에 가입할 때는 만기까지 기다리는 게 쉬워 보일 거예요. 하지만 막상 상품에 가입하고 나면 만기를 채우지 못한 상품을 중간에 해지하는 경우가 생각보다 많다고 해요.

우리가 일반적으로 은행에서 가입할 수 있는 예·적금 상품은 짧아도 6개월 이상의 기간 동안 돈을 묶어 둬야 한답니다. 그런데 갑작스럽게 큰돈이 필요한 상황을 맞닥뜨리면 예·적금 상품을 해지해 돈을 마련하기가 가장 손쉽기 때문이죠. 문제는 이렇게 만기가 채 다가오지 않은 상황에서 중간에 상품을 해지해버리면 원래 약속했던 이율보다 훨씬 적은 이자를 받게 된다는 점입니다.

따라서 처음에 약속했던 날짜까지 기다렸다

가 돈을 찾아야만 최대한 많은 이자를 받을 수 있다는 점을 염두에 두고 자신에게 딱 맞는 가입기간을 선택하는 것이 중요해요. 너무 긴 시간 동안 은행에 돈을 묶어 둘 자신이 없다면 6개월에서 1년 정도의 단기 상품에 도전해보는 것이 좋아요.

어떤 게 나에게 더 유리할까요?

그렇다면 정기예금과 정기적금 중에서는 어떤 상품을 선택하는 것이 좋을까요. 우선 두 상품의 이자를 따져 보면 **같은 이율이라고 할지라도 예금이 더 많은 수익을 올릴 수 있어요. 왜 그럴까요?**

만약 여러분이 은행 지점에 방문했을 때 상담 창구에 있는 은행원이 만기 1년짜리 정기예금과 정기적금을 동시에 소개해줬다고 상상해보세요. 두 상품 모두 이자율은 연 2%로 동일해요. 그리고 여러분은 원금

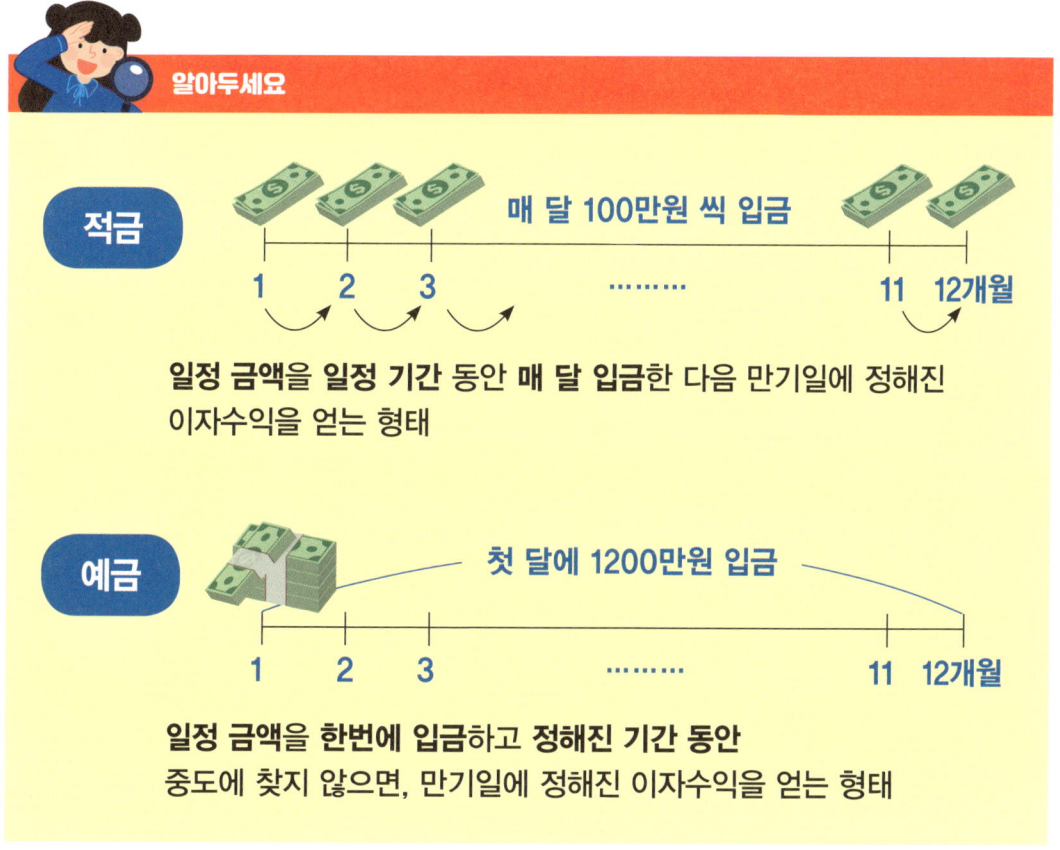

알아두세요

적금 — 매 달 100만원 씩 입금 / 1 2 3 ……… 11 12개월

일정 금액을 일정 기간 동안 매 달 입금한 다음 만기일에 정해진 이자수익을 얻는 형태

예금 — 첫 달에 1200만원 입금 / 1 2 3 ……… 11 12개월

일정 금액을 한번에 입금하고 정해진 기간 동안 중도에 찾지 않으면, 만기일에 정해진 이자수익을 얻는 형태

1200만원을 투자해 최대한 많은 이자를 받고 싶어요. 이런 경우 두 상품의 원금과 이자율, 가입기간이 동일하기 때문에 당연히 만기를 채웠을 때 받을 수 있는 이자 또한 똑같을 것이라고 생각하기 쉽죠.

하지만 한 번에 원금을 맡기는 예금과 달리, 적금은 매달 일정 금액을 나눠서 맡긴다는 큰 차이가 있죠. 결국 적금 상품에 가입했을 때는 은행이 보관하는 돈의 액수가 다달이 달라지기 때문에 매달 붙는 이자에도 차이가 생길 수밖에 없어요. 예를 들어 연 이자율 2%인 예금 계좌에 1년(12개월) 동안 1200만원을 맡겼을 때 만기 이자는 24만원이 붙어요. 하지만 적금은 매월 100만원씩 12개월 동안 쪼개서 1200만원을 적립하는 형태이기 때문에, 첫 달에 넣은 100만원은 1년치 이자가 붙지만 두 번째 달에 넣은 100만원은 만기까지 남은 11개월에 해당하는 이자만 붙게 돼요. 따라서 예금과 동일하게 연 2%의 이자율을 적용한다고 해도 만기 이자는 13만원밖에 안 된답니다. 생각보다 큰 차이죠?

대신 예금보다 적금의 이자율이 높게 책정된 상품이 많기 때문에 어떤 저축상품이 여러분에게 더 이득이 되는지 충분히 따져본 뒤 가입할 필요가 있어요.

알아두세요

A와 B는 1년에 1200만원씩 저축합니다. A는 매달 100만원씩 적금을 해서 1년 동안 1200만원을 모았고, B는 한번에 1200만원을 예금했습니다.

적금과 예금의 금리가 똑같이 3%라면, 이 둘의 이자는 각각 얼마일까요? (이자소득세 제외)

답은, A는 원금 1200만원을 넣고 이자 19만5000원을 받습니다. B는 원금 1200만원을 넣고 이자 36만원을 받습니다.

든든한 버팀목, 예금자 보호

은행이 망하면
내 돈은 어떻게 되죠?

예금과 적금이 다른 금융상품에 비해 안전하다고는 하지만 그래도 '혹시나' 하는 걱정을 버리지 못하는 분도 있을 거예요. 만약 우리가 거래하던 은행이 생각지도 못한 이유로 갑작스럽게 망해버리면 어떻게 되는 걸까요? 금융회사가 더 이상 영업을 안 하면 그동안 열심히 저축했던 돈을 되돌려받지 못하는 것 아닐까요?

은행이 문을 닫는 것은 가능성이 매우 낮은 일이긴 하지만 아예 없는 일은 아니에요. 경기가 급격하게 안 좋아졌다거나 은행의 자금 형편이 나쁘다는 소식을 들은 수많은 예금자가 은행으로 동시에 달려가 자신의 예금을 찾아가는 일이 아주 가끔 일어나기도 해요. 이를 **'뱅크런(bank run)'**이라고 불러요. 이런 사태가 대규모로 벌어지면 은행은 순식간에 망할 수 있어요. 일반적으로 은행들은 고객이 맡긴 돈을 그대로 금고에 쌓아 두지 않거든요. 그 돈을 필요로 하는 사람들에게 이자를 받고 빌려주죠.

그런데 갑작스럽게 엄청난 규모의 고객이 몰려와 자신의 돈을 찾으려 한다면, 은행은 당장 내줄 현금이 모자랄 수밖에 없어요. 결국 뱅크런 사태로 하루아침에

은행 한 곳이 망할 수도 있지요. 상황이 더 심각해지면 다른 금융회사까지 연달아 파산 위험을 겪을 수도 있어요. 특정 은행의 파산 위험을 지켜보던 다른 은행 고객들이 불안을 느낀 탓에 또 다른 뱅크런 사태를 만들 수 있어요.

하지만 너무 걱정하지 않아도 됩니다. 혹시라도 그런 일이 벌어진다면 '예금자보호제도'가 최소한의 안전장치 역할을 해주니까요. 예금자보호법에 따라 설립된 예금보험공사는 평소에 금융회사로부터 예금 보험료를 받은 뒤 보험 기금을 마련해 둔답니다. 만약 금융회사가 파산이나 영업정지로 고객들의 돈을 돌려주지 못하는 상황에 처한다면, 고객들은 최대 5000만원까지는 이 보험 기금을 통해 지급받을 수 있어요. 여러분이 거래하던 금융회사 여러 곳이 동시에 파산했다면 금융사별로 5000만원까지 예금을 보호받는다는 얘기예요. 우리가 저축할 때는 은행 한 곳에 몽땅 맡기기보다 여러 곳에 흩어놓는 것이 좋다는 말이 여기서 나온 것이랍니다.

결국 ==은행이 위험에 처하더라도 국가가 공공기관을 통해 개인의 예금을 보호해주는 셈이에요.== 이는 뱅크런 사태를 막기 위한 장치이기도 해요. 최악의 연쇄 부도를 일으키지 않으려는 의도죠. 뱅크런이 확산되면 우리나라 경제 전체에 미치는 영향이 엄청나게 커지니까요.

 **알아두세요**

뱅크런 사태는 여러 국가에서 끊임없이 발생했어요. 2000년대 이후에는 글로벌금융위기의 여파로 영국 모기지 은행 중 하나인 노던 록(Northern Rock) 은행이 뱅크런을 경험했어요. 2015년에는 그리스가 국제통화기금의 채무 상환에 실패하면서 예금자들이 은행으로 몰려들었답니다. 우리나라도 1997년 종합금융회사의 연쇄부도, 2011년 저축은행 부실사태로 뱅크런을 경험했어요.

슬기로운 주식생활 7단계

신용은 왜 중요할까요?

드디어 투자 여행의 마지막 종착역에 왔어요. 여기까지 잘 따라와 준 여러분들, 칭찬해요! 이번 단계에선 어쩌면 투자 상식보다 더 중요한 내용을 배울 거예요. 여러분을 평생 동안 따라다닐 '신용'이란 꼬리표랍니다. 왜 신용을 잘 쌓아야 하는지, 어떻게 하면 잘 관리할 수 있는지 알아봅시다. 책에서 배운 경제 마인드를 일상생활에서 실천할 수 있는 용돈 관리법도 덤으로 알려줄게요.

시험 점수보다 더 중요한 신용 점수

금융회사가 나를 평가하는 잣대, 신용

"조건 없이 최장 30일 동안 무이자로 최고 100만원까지 빌려드립니다!"

우리는 길을 걷다가 이런 광고 문구를 가끔 봅니다. 조건이 없으니 30일간 100만원을 빌려서 다른 곳에 쓰거나 투자해도 되겠다는 생각을 할 만하죠. 물론 앞에서 공부한 주식에 투자하는 방법도 있을 겁니다. 돈이 생겼을 때 소비보다 투자를 한다는 생각은 좋습니다. 하지만 저런 문구를 보고 돈을 빌리는 것은 신중할 필요가 있어요. 바로 '신용'이라는 문제 때문이죠.

신용은 무엇일까?

여러분은 혹시 주변 친구에게 돈을 빌려주거나 빌린 적이 있나요? 친구에게 돈을 빌려줄 때 무슨 생각을 하면서 빌려주나요? 아마 친구니까 '당연히' 갚을 것이라는 생각으로 빌려줄 거예요. 그게 바로 신용이랍니다. 신용은 약속과 믿음입니다. 여러분이 친구에게 무엇을 빌려줄 때 당연히 다시 돌려받을 것이라고 생각하는 것처럼 경제 활동을 할 때 대가나 돈 등을 정해진 기간에 받을 수 있다고 믿는 것이 신용이라고 할 수 있습니다.

그런 신용은 어떻게 쌓을까요? 여러분이 친구들에게 물건을 빌려주면 약속대로 잘 돌려주는 친구도 있고, 반대로 잘 돌려주지 않는 친구도 있을 거예요. 둘 중 누가 신용이 높을까요? 바로 물건을 잘 돌려주는 친구가 쉽게 물건을 빌릴 수 있을 겁니다. 그 친구를 신용이 높은 사람이라고 불러요.

그런데 만약 잘 모르는 친구가 물건을 빌려달라고 하면 어떨까요? 그 친구를 아는 다른 친구에게 그 친구를 믿을 수 있는지 먼저 물어볼 겁니다. 그런데 그 친구를 잘 아는 다른 사람을 여러분이 잘 모르는 경우가 많을 거예요. 이럴 때 어떤 사람의 신용이 어느 정도인지 알려주는 회사가 있답니다. 신용을 대신 알아봐 주는 신용조회 회사예요. 이 회사는 모든 사람이 동의하는 객관적 기준으로 어떤 사람의 신용을 판단합니다. 그 사람의 현재 소득이나 과거에 돈을 얼마나 빌렸는지, 돈을 빌리고 잘 갚았는지, 신용카드를 잘 쓰고 있는지 등의 정보를 가지고 판단합니다. 그 정보를 통해 그 사람의 점수를 매깁니다. 대개 신용조회 회사는 신용 정도에 따라 1점에서 1000점으로 신용 평점을 준답니다. 예전에는 신용등급도 있었지만 이제는 1점 차이로 등급이 달라져 불이익을 받지 않도록 세분화된 신용 점수 방식을 사용합니다. 이는 여러분이 게임에서 점수를 따면 등급을 매기는 것과 같은 방식입니다. 사실 여러분 같은 미성년자는 아직 점수가 없습니다. ==여러분이 커서 성년이 되면 그때부터 신용 점수를 매기게 됩니다.==

신용 점수는 개인에게만 해당하는 것이 아니랍니다. 기업과 국가에도 신용 점수를 매깁니다. 기업도 역시 사업을 하기 위해서라면 돈이 필요합니다. 국가도 국가 간 거래나 투자를 받을 때 신용이 중요합니다. 뉴스에서 '국가신용등급 AA+' 같은 말을 본 적이 있을 겁니다. 바로 신용평가기관이 그 나라의 신용도를 평가한 것이죠. 세계 3대 평가 기관에는 무디스, 스탠더드 앤 드 푸 어 스(S&P), 피치가 있습니다. S&P는 아마

"빌린 돈 다음주에 꼭 갚을게, 약속!"

앞서 미국 주식에서 들어봤을 거예요. 이 3대 기관이 국가나 기업의 신용을 평가해줍니다.

신용은 왜 중요할까?

옛말에 '월부 좋아하면 패가망신한다'는 말이 있습니다. 월부는 매달 할부금을 갚는 걸 말해요. 빚을 지는 것, 즉 신용을 이용하는 것을 경계하는 말입니다. 여기엔 신용 이용을 좋게 보지 않았던 옛사람들의 생각이 반영돼 있답니다. 이런 인식은 지금도 여전해서 우리는 흔히 '돈은 빌리지도 말고 빌려주지도 않는 것'이 가장 좋은 것처럼 생각하곤 합니다. 하지만 이런 말들은 신용을 현명하게 이용하지 않았을 때만 해당하는 말들일 뿐 올바르게 이용한다면 신용은 우리 생활에 많은 도움을 줍니다.

소비자로서 보면 신용은 당장 돈이 없더라도 즉시 돈을 사용할 수 있게 하는 만족을 가져다줍니다. 미래 소득을 현재로 앞당기는 효과를 낸다고 표현하죠. 비록 현재 소득으로

 **알아두세요**

무디스의 주요국 국가신용등급(2021년 5월 기준)

신용등급	국가명
Aaa	독일, 네덜란드, 덴마크, 노르웨이, 스웨덴, 스위스, 룩셈부르크, 미국, 캐나다, 호주, 뉴질랜드, 싱가포르
Aa1	핀란드, 오스트리아
Aa2	한국, 프랑스, 아랍에미리트
Aa3	영국, 벨기에, 체코, 홍콩, 마카오, 대만(+)
A1	일본, 중국, 칠레(-), 사우디아라비아(-)
A2	아일랜드, 폴란드
A3	페루, 말레이시아

※국가명 뒤(+)는 '긍정적' 전망, (-)는 '부정적' 전망, 나머지는 '안정적'

신용불량자 등록 사례

❶ 금융권에서 돈을 빌리고 금액에 관계 없이 3개월 이상 갚지 않은 경우
❷ 신용카드를 사용하고 5만원 이상의 청구 대금을 3개월 이상 갚지 않은 경우
❸ 5만원 이상의 할부금을 3개월 이상 갚지 못한 경우
❹ 이동통신 요금을 연체해 보증보험회사 등에서 대위 변제한(대신 내준) 때로부터 3개월이 지난 경우
❺ 가짜로 신용카드 도난 및 분실 신고를 한 경우
❻ 다른 사람의 신용카드(도난, 분실 신용카드)를 부정하게 사용한 경우
❼ 신용카드를 이용해 현금을 융통(속칭 카드깡)한 경우
❽ 신용카드를 빌리거나 빌려줘 신용 질서를 어지럽힌 경우

는 생활이 어렵다고 해도 소비자가 원하는 생활 수준을 유지할 수 있도록 해줍니다. 실제 우리 생활에서 신용을 이용하고 있는 예는 수도 없이 많습니다. 우리가 알고 있는 신용카드도 신용 이용의 한 예임은 물론이고 전기요금, 전화요금도 서비스를 미리 사용하고 요금은 한 달 후에 지급하는 일종의 신용 행위입니다. 그리고 누구나 살아가면서 학자금 마련, 결혼 비용 마련 등 목돈이 필요할 때가 있는데, 이런 경우 신용은 필요한 자금을 마련할 수 있게 해주죠.

더군다나 많은 돈을 사용해야 할 경우 신용을 이용하는 것이 소비자에게 오히려 유리하게 작용할 때도 있습니다. 많은 돈을 빌렸다가 갚는다는 것은 신용을 높이는 일이죠. 이뿐만 아니라 신용을 이용한다는 것은 사회에서 개인 신용도를 높이는 역할을 하므로 앞으로의 경제생활을 더욱 편리하게 해주는 기능도 있습니다. 이런 좋은 점도 있지만 신용을 이용할 때 꼭 갚을 수 있을 만큼만 쓰는 것이 좋습니다. 감당할 수 있는 수준을 넘어서 돈을 빌리면 갚을 수 없게 되고, 그렇게 되면 신용불량자가 됩니다. 이렇게 된다면 정상적인 경제생활이 어려워집니다.

신용불량자의 꼬리표

친구 간 약속을 지키지 않으면 믿음이 없는 사람이라고 비난받지요? 마찬가지로 거래나

약속을 지키지 않으면 신용불량자로 낙인찍히게 됩니다. 그래서 우리 사회에서 신용은 대단히 중요합니다. 신용불량자가 되면 여러 가지 문제가 생깁니다. 우선 은행이나 증권사와 정상적인 금융 거래를 할 수 없어요. 여러분이 공부를 마치고 취업할 때도 신용불량자가 되면 취업이 어려워질 수 있습니다.

물론 갚으면 됩니다. 하지만 신용불량자로 등록되면 연체금을 모두 갚아 신용 불량에서 풀리더라도 신용 전과 기록이 고스란히 남습니다. 그로 인해 고통을 받는 기간이 생각보다 길어집니다.

신용불량자 등록

대출금을 연체하거나 일상의 채무를 제때 갚지 않으면 신용불량자로 등록될 수 있습니다. 또 신용 거래와 관련해 거짓말을 하는 등 금융 질서를 어지럽혀도 신용불량자로 등록될 수 있습니다. 그리고 여러분이 쓰게 될 휴대폰도 신용불량의 원인이 될 수 있습니다. 일반적으로는 은행에서 돈을 빌리거나 신용카드를 잘못 사용해 신용불량자가 되는 것으로 알고 있지만, 우리가 흔히 사용하는 ==휴대폰 요금을 연체해도 신용불량자가 된다==는 사실을 꼭 기억해야 합니다.

신용불량자로 등록되면 어떻게 되나요?

통상적으로 신용불량자가 되면 대출을 새로 받을 수 없으며, 현재의 대출금에 대해서도 끊임없는 독촉을 받게 돼요. 돈을 빌려준 기관들이 돈을 받기 위해 법적 소송을 걸거나 재산상 불이익을 줄 수도 있습니다. 또한 신용카드 발급이나 사용이 금지되기도 합니다. 무엇보다 신용을 통한 금융 거래를 전면적으로 할 수 없게 됩니다. 한 번 신용불량자로 등록되면 나중에 연체금을 모두 갚는다고 하더라도 상당 기간 불이익을 받게 돼요. 이는 금융기관이 신용 불량 등록 해제 후에도 일정 기간의 기록을 보존해 관리하기 때문이죠.

신용불량자가 되지 않으려면?

편리한 신용 거래를 바르게 하기 위해서는 몇 가지 주의사항이 필요합니다. 신용으로 물건을 사기 전에는 갚을 능력이 되는지 먼저 따져봐야 합니다. 또 나에게 꼭 필요한 물건인지, 충동적으로 사는 것은 아닌지 생각해야 합니다. 항상 신용정보 관리를 통해 여러분의 삶이 더 좋아질 수 있도록 노력해야 합니다.

현명하게 돈 쓰기

돈은 버는 것보다 쓰는 것이 더 중요하다고 하지요. 돈을 벌었다고 많이 쓰면 다음에 돈이 필요할 때 부족할 수도 있습니다. 그래서 돈을 쓸 땐 항상 생각하면서 쓰는 게 중요해요.

그럼 어떻게 돈을 쓰는 것이 현명할까요? 우선 돈을 어떻게 쓸지 미리 계획을 세워야 합니다. 들어오는 돈을 먼저 잘 생각해 둬야 현명한 지출이 가능하겠지요. 있지도 않은 돈을 지출하는 것은 마술을 부리는 거나 마찬가지니까요. 사업에서는 들어오고 나가는 돈을 따져서 셈을 하는 걸 '회계'라고 합니다. 투자할 주식을 고를 때 기업의 사업보고서나 실적을 잘 따져봐야 한다고 앞에서 배웠지요? 기업의 실적을 정리하는 것은 이런 회계 작업을 거쳐서 완성된답니다.

여러분이 투자를 하든, 용돈을 받든, 일을 해서 돈을 벌든, 들어오는 돈을 어떻게 배분할지를 먼저 생각해야 합니다. 들어오는 돈을 나눌 때는 정해진 기간에 소비하는 데 쓸 돈과 미래를 위해 저축할 돈, 그리고 갑자기 써야 할 일이 생겼을 때를 대비하는 돈으로 나눠 두는 게 좋아요.

들어오는 돈 = 소비 + 저축 + 예비비

얼마만큼 배분해야 할까요? 보통은 30%는 소비하는 데 쓰고 30%는 가까운 장래, 즉 중기 목표를 위해 저축하고 30%는 먼 장래, 즉 장기 목표를 위해 저축해야 합니다. 나머지 10%는 예비비로 둡니다. 가령 1000원을 용돈으로 받았다면 300원은 소비에 쓰고, 300원은 중기 목표를 위해 저축하고, 또 다른 300원도 장기 목표를 위해 저축하고, 나머지 100원은 예비비로 두는 식이에요. 예비비는 급한 지출이 필요할 때를 대비해 남겨두는 돈입니다.

이런 용돈의 정리는 '용돈 기입장'을 활용하는 것이 좋습니다. 용돈 기입장은 귀찮을 수 있습니다. 항목 하나하나를 정리하는 것이 쉬운 일은 아닙니다. 하지만 용돈 기입장을 꾸준히 정리하며 용돈을 관리하면 시간이 지나고 여러분이 필요한 물건이 생겼을 때 쓸 수

있는 돈이 생기니 그때쯤이면 '참 잘했구나' 라는 생각이 들 거예요.

온라인 용돈 기입장

매일 공책에 적으면 공책을 잃어버릴 수도 있겠지요. 그렇기 때문에 요즘은 온라인으로 기입해둘 수 있는 편리한 앱이 많습니다. 이 온라인 용돈 기입장은 휴대폰으로도 사용할 수 있어 언제든지 활용 가능합니다.

이 외에도 여러분이 생각한 예산을 적을 수 있어요. 예산은 매일 적을 수도 있고 아니면 일주일 단위나 한 달 단위로 적을 수 있죠. 이를 통해 여러분이 생각한 지출과 비교해 알뜰한 소비를 했는지도 알아볼 수 있어요. 그리고 마지막에는 '지출 중요도'라는 것을 기입하는 것도 좋은 방법이에요. 내가 한 지출이 정말 중요한 것이었는지 한번 생각해 보는 거예요. 만약 중요한 것이 아니었는데도 지출했다면 다음에는 그런 지출은 줄일 수 있겠지요.

이것만은 꼭!

용돈 기입장에 반드시 적어야 할 내용

- **날짜:** 용돈이 들어온 날이나 사용한 날을 쓴다.
- **내용:** 용돈이 들어온 곳이나 사용한 곳을 적는다.
- **수입:** 용돈이 들어왔을 때 그 액수만큼 적는다.
- **지출:** 용돈을 사용했을 때 그 액수만큼 적는다.
- **잔액:** 수입에서 지출을 뺀 금액을 적는다.

알아두세요

용돈 기입장 프로그램에 자주 나오는 단어

자산 관리

현재 가지고 있는 돈이나 통장에 저금해 놓은 돈이 얼마인지 입력할 수 있습니다. 용돈 기입장을 처음 이용할 때 등록합니다.

수입

갑자기 생긴 용돈이나 꼬박꼬박 받는 용돈이 얼마인지 입력합니다.

지출

사용한 돈을 입력합니다. 쇼핑비, 간식비, 교통비 등의 항목으로 나누어 입력할수 있습니다.

예산

일주일이나 한 달, 일 년 단위로 예상되는 지출을 계획합니다.
예) 누나 생일 선물 : 8000원, 휴대 전화 구입 : 20만원

통계(정산)

일정 기간 동안 쓴 돈을 정리하여 보여 줍니다. 용돈 기입장 프로그램의 장점은 자동으로 보기 쉽게 소비 형태를 보여 준다는 것입니다.

 **읽을 거리, 하나**

주식회사는 어떻게 생겨났을까?

사람들은 먹고살기 위해 움직입니다. 어떤 사람은 농사를 짓고 가축을 기르고, 또 어떤 사람은 무엇인가를 만들어서 필요한 것과 바꾸기도 하지요. 다른 사람은 가게를 열어서 장사합니다. 물론 산에 들어가서 혼자서 사는 자연인도 있기도 해요. 어떤 사람은 다른 생각을 했습니다. 여러 사람과 함께 회사를 만들면 어떨까? 혼자서 하면 힘들고 돈도 많이 필요하니까 여러 사람이 뭉치면 일도 쉽게, 자금도 많이 모을 수 있지 않겠냐는 것이죠. 기업은 인류 역사에서 이렇게 자연스럽게 등장했답니다. 먼 옛날 동양과 서양(유럽)은 땅에 난 길로 장사를 했어요. 우리가 잘 아는 실크로드 무역이죠.

하지만 1453년 오스만튀르크가 콘스탄티노플(지금의 터키 이스탄불)을 점령한 뒤 무역 길은 막히고 말았어요. 막히면 뚫으라고 했던가요? 상인들은 육지에서 눈을 돌려서 바닷길이 없을까 하고 생각했어요. 바닷길을 발견하기만 하면 그것은 고속도로와 같았습니다. 폭풍이 치는 바다가 매우 위험하긴 하지만 평상시 바닷길은 육지 길보다 나았으니까요. 1498년 한 사나이가 바닷길에 올랐어요. 포르투갈의 바스쿠 다가마였죠. 그는 아프리카 대륙을 돌아서 인도로 가는 길을 열었답니다. 인도는 유럽 사람들이 그토록 원했던 다양한 향신료를 생산하는 기회의 땅이었습니다. 향신료는 금보다 비쌌죠. 향신료를 배에 가득 싣고 오기만 하면 부자가 될 수 있었어요. 위험에도 불구하고 바닷길로 갈 것인가 말 것인가? 사람들은 고민했어요.

많은 사람 중 어떤 이들은 배가 폭풍에 휩쓸려 부서질 수도 있다는 위험을 무릅쓰고 바스쿠 다가마의 뒤를 따라 해상 무역 사업을 하기로 했습니다. 문제는 해상 무역을 하려면 배, 사람, 자금이 많이 필요했다는 거예요. 낙타를 타고 다니는 육상 무역과 달랐죠. 대신 배는 성공하면 엄청나게 많은 향신료를 실어 올 수 있었어요. 바다를 통해 동양으로 가는 대항해 시대에 바로 주식회사가 등장했어요. 사람들은 해상 무역을 하는 조직(기업)에 자금을 대겠다고 나섰습니다. 이들은 배가 가라앉을 경우 투자한 자금을 다 날릴 수도 있었고, 다른 책임까지 떠안을 수도 있었어요. 책임이 무한정으로 컸다는 뜻이에요. 이들은 자기 자금을 날리는 것은 감당하겠지만, 다른 손해까지 모두 떠안을 수 없다고 생각했답니다.

여기서 주식회사의 <mark>유한책임</mark> 철학이 나옵니다. 유한(有限)이란 한도가 있다는 말이에요. <mark>자기가 투자한 만큼만 손해를 본다는 것, 다시 말해서 주식 수만큼 책임진다는 것</mark>이었죠.

주식은 자본에 대한 증서

주식은 자본을 낸 만큼 받는 증서랍니다. 주식당 100원이라는 의미는 100원의 자본금을 냈다는 것이죠. 예를 들어 여러분이 사업을 하려고 다른 사람의 돈을 끌어모으려면 자본금 규모를 정해야 합니다. 여러분은 한 주당 가격을 얼마로 정한 뒤 사람들로부터 원하는 주식만큼 돈을 받고 주식을 주는 것이죠. 주식을 받은 사람은 그 비율만큼 회사의 주인이 됩니다. 1000명이 투자했으면 1000명이 주인인 것이죠.

다시 대항해 시대로 돌아갈게요. 어떤 사람이 바닷길을 통한 사업에 성공하면 그 사업은 그것으로 끝이 났어요. 일단 이익을 봤으니까요. 일회성 사업에 그쳤다는 말입니다. 그런데 어떤 사람들은 사업을 해체하지 않고 계속했으면 좋겠다고 마음먹었습니다. 주주들이 기업 형태를 그대로 유지하면서 사업을 지속하는 것이죠. 그런 회사가 1600년 영국에서 나타났어요. 동인도회사라는 곳이었죠. 세계 최강 국가였던 영국의 엘리자베스 1세는 영국 동인도회사가 아프리카 희망봉 동쪽 무역에서 이뤄지는 모든 무역을 혼자서 독차지할 수 있도록 허락했어요. 기업을 유지하기 위한 조건으로는 최고였죠. 이런 권리를 독점권이라고 해요.

동인도회사는 그래서 역사상 처음으로 유한책임에 따라 주주를 모집했어요. 무역에서 손해가 나도 책임을 덜 지우는 제도가 사람의 투자심리를 자극했답니다. 사업을 정부가 보장해주니까 더 좋았죠. 동인도회사의 형태를 따라서 다른 나라도 비슷한 회사 조직을 운영하기 시작했습니다.

네덜란드, 프랑스가 대표적인 경쟁 국가였어요. 네덜란드는 1606년 귀족만이 아니라 일반인, 하인, 장사꾼들에게도 주식을 발행해 자금을 모았습니다.

주식을 한 주라도 샀다면 주주

자, 그럼 이런 결론에 도달할 수 있겠군요. 주식을 발행해 많은 사업 자금을 모으는 회사를 주식회사라고 하며, 주식을 보유하고 있는 사람을 주주라고 해

그림 속의 동인도회사
아내와 노예가 된 하인과 함께 있는 VOC의 선임 상인
〈알베르트 쿠이프(Aelbert Cuyp)〉

네덜란드 동인도회사의 선임 상인인 제이콥 마르텐센(Jakob Martensen)의 초상화로 네덜란드로 돌아갈 준비를 하고 있는 함대를 막대기로 가리키며 자신이 이 사업에 개입하고 있음을 나타내고 있어요.

요. 주주는 회사의 일부를 소유하고 있으므로 회사 경영에 참여할 권리를 갖습니다. 1주만 가지고 있어도 주주, 즉 주인이 됩니다.

주식회사의 주인은 대주주와 소액주주로 나뉘어 있어요. 대주주는 전체 발행 주식 중 많은 주식을 소유한 사람입니다. 소액주주는 조금만 가진 사람이고요. 대주주는 주식을 많이 가진 만큼 회사 경영을 책임집니다. 주식회사를 처음 만들 때 자본금을 가장 많이 낸 사람이거나, 이미 있는 주식회사를 산 사람 중 가장 많이 투자한 사람이 대주주가 되기도 합니다. 앞에서도 얘기했듯이 회사가 망해 빚을 갚아야 하는 경우 주주는 투자한 만큼만 손해를 봅니다. 즉 보유 주식을 포기하는 것이죠. 개인이 주식회사가 아닌 형태의 개인회사를 세워 운영하다가 망한 경우 회사를 처분해야 할 뿐 아니라 개인 돈으로 다른 빚을 다 갚아야 하는 것과 다르죠. 책임에 한계가 없는 무한(無限)책임과 유한책임의 차이랍니다.

책임에 따라 달라지는 회사의 종류

주식회사가 인류 문명에 가져온 가장 큰 효과는 전혀 알지 못하는 사람들을 협동하게 했다는 것이에요. 주식회사를 운영하는 사람이 누구인지 모르는데도 사람들이 그 주식회사의 주식을 사고 투자한다는 것은 주식회사가 믿음 위에 서 있기 때문입니다. 당신이 투자하면 열심히 회사를 경영해서 이익을 주겠다는 믿음과 약속이죠. 또 주식회사 안에는 이전에는 알지 못했던 사람들이 모여서 각자 맡은 일을 열심히 하고 이익을 내려 애씁니다. 대주주와 경영자들도 이런 믿음을 뒷받침하기 위해 열심히 장사를 합니다. 주식을 거래하는 사람도 경영 실적에 따라 주가가 오르면 이익을 봐요. 이런 제도가 주식회사입니다.

주식회사 형태 이외의 회사도 있습니다. 상법이라는 법에 합명회사, 합자회사, 유한책임회사, 유한회사도 규정돼 있습니다.

주식회사를 포함하면 회사의 종류는 다섯 개입니다. 이렇게 구분하는 기준은 회사 사원(회사의 출자자를 사원이라고 해요. 주주는 주식회사의 사원이죠)이 회사가 파산했을 때 회사와 거래한 제3자에 대해 책임을 지느냐, 아니면 출자금만 손실을 보고 추가 책임을 지지 않느냐에 있습니다.

회사 거래처에 대해 책임을 지지 않는 사원은 유한책임사원, 회사 거래처가 입은 모든 손실에 책임을 지는 사원은 무한책임사원이라고 하죠. 합명회사는 무한책임사원으로만 구성되고, 합자회사는 무한책임사원과 유한책임사원으로 구성됩니다. 주식회사, 유한회사, 유한책임회사는 모두 유한책임사원으로만 구성된다는 점에서 같아요.

주식회사는 몇 가지 기관으로 구성돼 있어요. 주주총회는 주주들의 모임이고, 회사의 기본적 사항을 결정하는 주식회사의 최고 의결기관입니다. 이사회는 주주총회에서 선임된 이사로 구성됩니다. 대표이사는 이사 중에서 한 명 또는 여러 명이 이사회에서 선임될 수 있습니다. 이사회는 주주총회 소집권, 대표이사 선임권을 갖지요. 감사와 감사위원회도 핵심 기관입니다. 감사와 감사위원회는 이사회와 대표이사를 견제하는 기능을 하죠.

여러분도 나중에 커서 주식회사를 하나 설립해 보세요. 좋은 주식회사가 많은 나라가 선진국입니다.

알아두세요

주식회사란?
주식을 발행해 사업자금을 모음. 주식을 가진 사람인 주주는 회사가 망할 경우 갖고 있는 주식만큼만 책임을 짐

합명회사란?
사원이 채권자에 대해 무한대로 모든 책임을 짐. 주로 가족기업이 많음

합자회사란?
돈을 낸 만큼만 책임을 지는 유한책임사원과 무한대로 책임을 지는 무한책임사원으로 구성. 주로 가족기업으로 이뤄짐

유한책임회사란?
돈을 낸 만큼만 책임을 지는 유한책임사원으로만 구성. 투자자 모두가 경영에 참여하는 것이 특징

유한회사란?
투자한 만큼만 책임을 지므로 주식회사와 비슷하지만 추가로 주식을 발행하지 못하는 점이 다름

읽을 거리, 둘

돈은 어떻게 진화했을까?

여러분! 이런 생각을 해본 적이 없나요? 돈은 언제부터 생겼을까? 누가, 왜 만들었을까? 돈은 옛날부터 지금까지 똑같은 모양을 하고 있었을까? 매일 아무 생각 없이 쓴 돈은 이렇게 많은 이야기를 품고 있습니다. 이런 궁금증을 풀어준 답이 있습니다. 제법 긴 여행이 될 테지만, 떠나볼까요?

재화를 직접 교환하는 물물교환

오래전 우리 조상들은 돈과 비슷한 것을 사용했어요. 어느 날 한 원시부족 사람들이 다른 부족 사람들을 만나서 생선과 과일을 서로 맞바꿔 먹었습니다. 서로 싸워서 뺏는 것보다 평화롭게 교환하는 것이 더 좋다는 것을 이들은 알게 되었습니다. 얼마 뒤 생선과 과일을 교환하는 데 문제가 생겼어요. 생선 한 마리를 가진 사람이 작은 과일을 가진 사람에게 "과일 5개를 주면 생선 한 마리를 주겠다"고 한 겁니다. 서로 옥신각신 말다툼을 했습니다. 생선을 가진 사람은 과일을 먹고 싶고, 과일을 가진 사람은 생선을 먹고 싶어 했죠. 그런데 이들은 몇 대 몇으로 교환해야 할지 잘 몰랐어요. 생선 주인은 과일 4개만 줘도 바꾸겠다는 생각을

하고 있었고, 과일 주인은 6개를 주려고 생각했어요. 이런 흥정 과정이 많이 생기면서 어느 날 '생선 한 마리=과일 5개'로 서로가 합의했습니다. 이때 생선과 과일은 돈의 역할을 한 것입니다. 이것을 물물교환이라고 해요.

물물교환보다 편리한 조개껍데기, 새로운 화폐의 등장

시간이 흘렀습니다. 사람들이 원시 단계를 벗어나 마을을 이루고 살기 시작했고, 거래와 교환은 더 커졌습니다. 그런데 물물교환에는 큰 단점이 있었어요. 물건을 교환하려면 물건들을 직접 가지고 다녀야 하는데 그것은 여러모로 불편했습니다. 물건을 가지고 다녀도 언제, 누가 그것을 원하는지 알기 어려웠습니다.

이때 조개껍데기가 등장했습니다. 인류 역사를 연구하는 사람들은 우리 조상들이 조개껍데기를 요즘의 돈처럼 사용한 사례를 정말로 발견했습니다. 조개껍데기를 가져가면 그 가치만큼 물건을 사는 것이죠. 물론 이 조개껍데기는 구하기 힘든, 귀한 것이었어요. 이걸 어려운 말로 '희소하다'고 표현합니다. 물건을 물건으로 교환하기 번거로우니까 흔하지 않은 특정 조개껍데기를 돈으로 사용하자고 합의한 것입니다. 조개껍데기 세 개는 돼지고기 1kg, 조개껍데기 두 개는 바나나 30개, 조개껍데기 하나는 사과 10개와 같은 식으로 정해졌어요. 조개껍데기는 귀했고, 가지고 다니기에 가볍고, 사용하기에 편리했으며 잘 썩지도, 부서지지도 않았습니다.

돌이 화폐로 쓰인 적도 있다고 합니다. 남태평양 미크로네시아 얩섬에서 살았던 얩족은 '라이'라고 불린 검은 돌을 화폐로 이용했습니다. 믿기 어렵다고요? 조개껍데기와 비슷한 방식으로 사용됐습니다. 지역은 다르지만 인류의 생각은 다 비슷한 모양입니다.

이후 돈은 발전해 나갔습니다. 기본 원리는 거의 같아요. 금과 은과 같은 귀금속이 동전 화폐로 사용되기에 이르렀습니다. 금과 은 역시 구하기 힘들었기 때문에 교환할 가치를 지녔죠. 금화나 은화를 주면 물건을 살 수 있게 된 것이에요.

기원전 600년경 동전의 탄생

기록에 따르면 세계 최초의 금속 동전은 기원전 600년경 지금의 터키에 있는 리디아에서 만들어졌다고 하네요. 리디아는 금과 은을 섞어서 만든 일렉트륨(electrum)이라는 소재를 사용한 동전이라고 합니다. 신기하죠?

금을 많이 가진 사람들에게도 고민이 있었습니다. 금을 안전하게 보관할 곳이 필요했고, 금보다 가벼운 다른 종류의 화폐가 필요했던 거죠. 사람들은 튼튼한 금고를 가진 믿을 만한 사

알아두세요

화폐의 조건

● **변하지 않는 것**
화폐가 변하면 재산의 가치도 달라지니 귀중한 재산인 화폐가 쉽게 변하면 안되겠죠?

● **쪼개어 쓸 수 있는 것**
우리가 화폐를 이용해 교환하는 물건과 서비스의 가치는 다양해요. 가치가 작은 것을 교환할 때는 쪼개어 쓸 수 있어야 겠죠?

● **가지고 다니기 편한 것**
화폐의 가장 큰 쓰임은 교환이에요. 화폐를 이용해 원하는 물건을 구매하는데 화폐가 크고 무거우면 불편하겠죠?

● **흔하지 않은 것**
가치를 담는 도구인데 아무데서나 구할 수 있다면 화폐로서의 가치가 떨어지겠죠?

람에게 금을 보관했습니다. 그리고 금을 얼마만큼 맡겼다는 증서를 받았습니다. 나중에 이 증서를 금고 주인에게 제시하면 금을 돌려받을 수 있었지요. 이 증서는 금만큼 가치를 지닌 종이였어요. 금을 많이 가진 사람이든 적게 가진 사람이든 증서만 있으면 그 증서로 거래를 할 수 있게 됐습니다. 증서는 종이니까 얼마나 가볍고 편리합니까?

이것은 곧 등장할 종이 화폐에 아이디어를 제공했어요. 여기서 여러분이 잘 아는 수학자 아이작 뉴턴이 등장합니다. 영국 정부 조직인 조폐공사 직원이었던 뉴턴은 증서와 금을 연결시켜 종이 화폐를 창안했다고 알려져 있습니다.

증서를 가지고 오면 금을 내주듯이, 정부가 발행한 종이 화폐를 가져오면 그 액수만큼 금을 내준다고 한 것이죠. 증서가 본격적으로 종이 화폐로 바뀐 것입니다.

이제 세계 각국은 종이 화폐와 동전 화폐를 섞어서 쓰기 시작했습니다. 지금

세계적으로 가장 유명한 돈은 미국 달러예요. 미국도 처음엔 35달러를 가져오면 금 1온스를 준다는 약속을 하고 달러를 만들어 썼습니다. 달러를 가지고 있는 것은 곧 금을 가지고 있는 것과 같았어요. 영국의 제도를 미국이 따라 한 것이죠. 달러라는 용어가 있기 전에 그린백(Greenback)이라는 말이 주로 사용됐습니다. 1862년에 등장했는데요, 지폐의 뒷면이 녹색이어서 붙여진 이름입니다. 여러분이 잘 아는 에이브러햄 링컨 대통령이 처음으로 발행했어요. 아 참, 1661년 스웨덴에서 유럽 최초의 종이 화폐가 발행된다는 기록이 있다는군요. 참고하기 바랍니다.

미국 달러는 1971년 큰 변화를 맞게 됩니다. 당시 닉슨 대통령이 달러를 가져와도 금을 내주지 않겠다고 선언했어요. 여러분이 달러를 가져가서 미국 정부에 "금으로 바꿔주세요"라고 요구해도 미국 정부는 금을 내주지 않는답니다. 우리는 미국의 경제력과 힘을 믿고 "달러를 세계 최고의 돈이다"라고 생각하며 쓴답니다.

신용카드의 등장

1950년 화폐 제도에 또 하나의 변화가 찾아왔어요. 바로 신용카드입니다.

신용카드 덕분에 동전이든, 지폐든 돈을 가지고 다닐 필요가 없게 됐죠. 돈은 카드사와 은행을 통해 자동적으로 이체됩니다. 이젠 카드마저 없는 시대가 찾아왔습니다.

휴대폰 안에 내려받아 놓은 결제 시스템을 이용해서 물건과 서비스를 삽니다. 인터넷이 나오면서 이 같은 모바일, 온라인 은행제도가 가능해졌어요. 2009년엔 더욱 획기적인 화폐 형태가 나타나 세상을 깜짝 놀라게 했습니다. 바로 디지털 화폐 비트코인 이야기입니다.

이 화폐는 동전이나 지폐라는 모양이 없이 컴퓨터에서만 존재합니다. 그래서 사람들은 이 화폐를 가상화폐, 암호화폐라고 부릅니다.

화폐의 변천사

● 기원전 7세기
리디아에서 세계 최초로 주화를 만들었어요.

● 12세기
중국에서 세계 최초로 지폐가 사용 됐어요.

● 1967년
영국 런던의 바클레이즈 은행에 최초의 현금자동인출기(ATM)가 설치됐어요.

● 1950년
미국에서 다이너스클럽 신용카드가 등장했어요. 신용카드의 개념은 앞서 유럽에서는 1880년대, 미국에서는 1920년대에 도입됐죠.

● 1933년
경기 불황의 여파로 미국이 금본위제를 폐지했어요. 이때부터 화폐와 금의 가치가 분리됐어요.

● 1990년
세계 최초로 미국의 중앙은행과 상업은행은 모든 송금을 전자 송금 형태로 할 수 있게 됐어요.

● 2009년
비트코인은 대표적인 가상자산으로 지폐·동전의 실물이 없고 온라인으로 거래돼요.

●14세기

이탈리아에는 환어음과 지불지시서 등 지폐의 형태가 있었어요.

●17세기 초

영국에서 사용된 지폐는 금·은 세공업자들이 귀중품이나 돈을 받고 영수증으로 써준 예치 증서로 오늘날 은행권의 모체가 됐어요.

●1661년

스웨덴에서 유럽 최초의 지폐가 발행됐다는 기록이 있어요.

●1929년

대공황
1929년 대공황이 시작된 사상 최대의 공황

●1882년

고종 19년 우리나라에 서양식 화폐제도가 도입 됐어요.

●1862년

미국에서 지폐의 뒷면이 녹색인 달러를 발행했어요. 달러라는 용어가 있기 전에는 그린백 (Greenback)이라고 불렀답니다.

●2011년

구글이 전자지갑인 '구글월렛'을 선보인 후 애플도 이 시장에 뛰어들었어요. 전자지갑은 스마트폰에 모바일 신용카드 쿠폰 등을 담아두고 결제 관리하는 전자 지불 시스템이에요.

●2021년

6월 9일 엘살바도르가 세계에게 첫 번째로 비트코인을 법정통화로 지정했어요.

주식 투자 실전 노트

주식투자를 하기로 마음먹었다면 꼼꼼하게 계획을 세워서 실천해봅시다. 매달 용돈에서 얼마씩 떼어 꼬박꼬박 장기 투자를 해볼 수도 있고 신문이나 뉴스를 잘 보다가 투자 계획을 세울 수도 있어요.

1. 투자하고 싶은 상장회사를 한 번 적어 봐요.
신문에서 봤거나 평소 즐겨하는 게임, 음식 등을 만드는 회사도
모두 투자 대상이 될 수 있어요. ※10개 회사 발굴하기

① _____ ⑥ _____
② _____ ⑦ _____
③ _____ ⑧ _____
④ _____ ⑨ _____
⑤ _____ ⑩ _____

2. 왜 그 회사를 선택했나요?
꼭 투자하고 싶은 회사 3개만 골라 분석한 내용을 정리해봐요. ※회사 분석하기

회사명 _____ 선택 이유 _____
회사명 _____ 선택 이유 _____
회사명 _____ 선택 이유 _____

3. 투자는 어떤 방식으로 할 건가요?

매달 _____ 원씩 또는 한꺼번에 _____ 원

4. 2번에서 선택한 3개 회사별로 현재 주가와 여러분이 생각하는 목표 주가를 적어 보세요.

① 회사명 　　　　　현재 주가 　　　　　목표 주가

② 회사명 　　　　　현재 주가 　　　　　목표 주가

③ 회사명 　　　　　현재 주가 　　　　　목표 주가

5. 주식투자로 만들고 싶은 목돈은 총 얼마 인가요?

6. 투자해서 번 돈은 어디에 쓸 계획인가요?

7. 존경하는 투자자가 있다면 한 번 찾아봐요.
그 사람은 어떤 투자 전략을 세워서 투자를 했을까요?

한경 MOOK

엄마 아빠 함께하는
슬기로운 주식생활

펴낸날	초판 1쇄 발행 2021년 8월 9일
	초판 2쇄 발행 2021년 8월 25일
발행인	김정호
편집인	유근석
펴낸곳	한국경제신문
기획 총괄	오형규·박성완
편집 총괄	박해영
제작 총괄	이선정
편집	이진이
글	한경 경제교육연구소 기획 제작팀
디자인	윤석표·권지혜·전어진·배자영·천지영
일러스트	구슬기
판매유통	정갑철·선상헌
인쇄	도담프린트
등록	제 2006-000008호
주소	서울시 중구 청파로 463 한국경제신문
구입문의	02-360-4859
홈페이지	www.hankyung.com

값 14,000원
ISBN | 979-11-85272-60-3(93320)

〈엄마 아빠 함께하는 슬기로운 주식생활〉은
어린이들이 주식 투자를 공부하고 흥미를 느끼며
차곡차곡 수익을 높여 가도록 만든 투자 교과서입니다.

● 잘못 만들어진 책은 구입하신 곳에서 교환해드립니다.
● 이 책은 저작권법에 따라 보호받는 저작물이므로 무단 전재와 복제를 금합니다.